PERDÃO TOTAL

MAURÍCIO ZÁGARI

PERDÃO TOTAL

Um livro para quem não se perdoa
e para quem não consegue perdoar

mundo**cristão**
São Paulo

Dados Internacionais de Catalogação na Publicação (CIP)
(Câmara Brasileira do Livro, SP, Brasil)

Zágari, Maurício

Perdão total: um livro para quem não se perdoa e para quem não consegue perdoar / Maurício Zágari. — São Paulo: Mundo Cristão, 2014.

ISBN 978-85-433-0036-8

1. Angústia 2. Culpa 3. Perdão - Aspectos religiosos 4. Vida cristã
I. Título

14-08567   CDD-248.4

Índice para catálogo sistemático:
1. Perdão: Vida cristã   248.4
Categoria: Inspiração

Publicado no Brasil com todos os direitos reservados por:
Editora Mundo Cristão
Rua Antônio Carlos Tacconi, 79, São Paulo, SP, Brasil — CEP 04810-020
Telefone: (11) 2127-4147
www.mundocristao.com.br

1ª edição: outubro de 2014
5ª reimpressão: 2016

Para Alessandra, Jovana,
e os pastores Marcelo Eliziário Vidal
e Marco Antonio de Araújo.
Obrigado por terem me ensinado o que é perdão.
Este livro só existe porque vocês existem.

Sumário

Como são felizes aqueles que têm suas transgressões perdoadas, cujos pecados são apagados! Como é feliz aquele a quem o Senhor não atribui culpa!

ROMANOS 4.7-8

Agradecimentos

Obrigado, Alessandra, por perdoar e se deixar perdoar, com seu enorme coração perdoador.

Obrigado, Laura, por, na sua inocência, me treinar na arte de perdoar sorrindo.

Obrigado, Jovana e Marcelo, por terem me perdoado mais vezes do que posso contar.

Obrigado, Cláudio, por me amar apesar de conhecer tão bem meus muitos defeitos.

Obrigado, Irene e Wilson, por mais de quatro décadas perdoando.

Obrigado, pastor Marco Antonio de Araújo, por ter sido o anjo que me levantou e deu de comer.

Obrigado, Andréia Araújo, por ler os originais deste livro e por seu constante incentivo.

Obrigado, Marcos e Marta, por lançarem no fundo do mar a época em que fui ausente.

Obrigado a toda a equipe da Mundo Cristão, por apostar neste livro e acreditar que ele pode contribuir para a transformação de vidas.

Obrigado, ainda, a todos aqueles a quem já feri e que me perdoaram.

Obrigado, Senhor, pela cruz — a expressão máxima do perdão que me alcançou.

E obrigado a você, que decidiu ler este livro, por se abrir para a realidade do perdão, sem a qual não existe vida com Deus.

Prefácio

Pela graça de Deus, você tem em suas mãos uma obra valiosa, que o ajudará a descobrir o caminho do *Perdão total*. Em cada página, através de textos curtos e objetivos, somos conduzidos a uma prática libertadora sustentada pela Palavra do Senhor. Há verdades sobre pecado e perdão que não podem ser negligenciadas. Questões centrais do cristianismo, como a natureza, a missão, a chave do coração de Deus, bem como suas exigências e vontades, são apresentadas com máxima clareza.

A maneira como a comunidade cristã dos tempos bíblicos aceitava os novos cristãos deve ser a fonte primária para os nossos relacionamentos. Sou profundamente inspirado pelo que resolvi chamar de "Modelo de Ananias", baseado em Atos 9.10-19. Ananias, um discípulo, recebe um desafio por meio de uma visão para ir ao encontro de Saulo e impor as mãos sobre ele. Sua reação não poderia ser mais típica da natureza humana: "Senhor, tenho ouvido muita coisa a respeito desse homem e de todo mal que ele tem feito aos teus santos em Jerusalém. Ele chegou aqui com autorização dos chefes dos sacerdotes para prender todos os que invocam o teu nome" (v. 13-14). Ananias simplesmente disse o que sentia e queria, fundamentado no que sabia. O que ele não sabia é que Deus já havia perdoado Saulo, assim como ele mesmo, e que receberia do alto o poder para perdoar.

Uma das mais singelas declarações de perdão e acolhimento brota dos lábios desse discípulo ao homem que viria a ser um dos nomes mais importantes do cristianismo: "Irmão Saulo, o Senhor Jesus, que lhe apareceu no caminho por onde você vinha, enviou-me" (v. 17). Esse modelo atinge duas questões valiosas: é uma das formas de Jesus mostrar que ele perdoou a pessoa, e a comunidade deve perdoar da mesma forma; e, assim como estou sendo perdoado pela comunidade, posso também me sentir perdoado por Jesus.

O exercício do perdão é fruto de uma ação divina em nós. O Senhor nos dá o poder de perdoar e de ser perdoado. Mas essa verdade é ainda desconhecida para milhares de pessoas. Não experimentar a graça do *Perdão total* é como estar numa cela, receber o alvará de soltura, mas ainda permanecer encarcerado.

A porta foi aberta. Aproveite a oportunidade, leia prazerosamente este livro, pelo qual já fui grandemente abençoado, e seja livre.

JR. VARGAS
Pastor da Igreja Presbiteriana das Américas, na Barra da Tijuca, Rio de Janeiro, e mediador do Debate 93 na Rádio 93 FM.

Apresentação
Tudo se fez novo!

Era a terra sem forma e vazia; trevas cobriam a face do abismo, e o Espírito de Deus se movia sobre a face das águas.

GÊNESIS 1.2

Muitas vezes vivemos situações problemáticas e aflitivas resultantes de erros nossos. Mas, mediante a confissão sincera e humilde diante de Deus, esses erros serão desfeitos pela bondade e pelo amor do Senhor a seus filhos. Se é difícil para você acreditar, é só procurar nas páginas das Sagradas Escrituras e ver a ação amorosa, disciplinadora e curativa de Deus na vida de Abraão, Isaque, Jacó, Sansão, Davi, Salomão, Pedro, Paulo e tantos outros. Basta olhar para trás e ver também o que Deus já promoveu em nossa vida. Na sua e na minha. É só olhar para trás e trazer à memória coisas que possam nos conceder esperança (Lm 3.21-23).

E, uma vez perdoados pelo Senhor, não devemos aceitar nenhum tipo de intimidação — nem por parte do Diabo, nem por parte do nosso "eu" (nossa carne), nem por parte do mundo. O Senhor nos perdoou e ele mesmo já lançou nossos pecados no mar do esquecimento. A ordem é que não pesquemos, jamais, nesse mar! É assim que tem sido. E é assim que será, até o Senhor Jesus voltar para buscar o seu povo amado e eleito.

O trecho de Gênesis transcrito acima é a parte inicial da narrativa bíblica da Criação. Deus cria, do nada, os céus e a terra. Mas a terra encontra-se sem forma, vazia e na mais completa escuridão. Acontece que o Espírito de Deus paira sobre essa situação. E, quando o Senhor resolve dizer: "Haja luz", de fato há luz. A partir daí, Deus dá forma, conteúdo e luz à sua criação (Gn 1—2).

Quando andávamos longe de Deus, quando não queríamos saber dele nem do seu amor, do seu santo e maravilhoso propósito de nos reconciliar consigo em Cristo Jesus, essa era a nossa realidade: vazia, sem forma e em trevas. No entanto, o Espírito de Deus pairava sobre essa situação. E, quando o Senhor resolveu dizer: "Haja luz", de fato houve luz e, assim, houve separação entre luz e trevas:

> Vocês estavam mortos em suas transgressões e pecados, nos quais costumavam viver, quando seguiam a presente ordem deste mundo e o príncipe do poder do ar, o espírito que agora está atuando nos que vivem na desobediência. Anteriormente, todos nós também vivíamos entre eles, satisfazendo as vontades da nossa carne, seguindo os seus desejos e pensamentos. Como os outros, éramos por natureza merecedores da ira. Todavia, Deus, que é rico em misericórdia, pelo grande amor com que nos amou, deu-nos vida com Cristo, quando ainda estávamos mortos em transgressões — pela graça vocês são salvos.
>
> Efésios 2.1-5

> Portanto, se alguém está em Cristo, é nova criação. As coisas antigas já passaram; eis que surgiram coisas novas!
>
> 2Coríntios 5.17

Surgiram coisas novas! Tudo se fez novo! Houve separação entre luz e trevas! Pela graça de Deus, em Cristo, fomos feitos luz e, portanto, separados das trevas! Agora, salvos pela graça de Deus, devemos lançar luz sobre as trevas e fazê-las dissipar, em nome de Jesus, para a glória de Deus e para a conversão de muitos que estiverem à nossa volta. Nossa realidade, sem forma, vazia e em trevas, foi mudada pela maravilhosa graça de Deus.

Você pode estar vivendo um tempo de bonança no Senhor ou passando por dificuldades terríveis, tendo o seu íntimo agitado e mexido tal qual um mar em severa tempestade. Você pode estar enfrentando um período de turbulência, medo, agitação, insegurança, dúvida ou terror. Sinceramente, não sei.

Mas de algo eu sei: o Espírito de Deus está pairando sobre essa situação. E, quando chegar a hora, ele, em sua soberana vontade, dirá: "Haja luz", e forças mais antigas que o próprio tempo entrarão em ação pelo poder do Espírito Santo. Então toda realidade trevosa baterá em retirada em nome do Senhor Jesus. Tempos de paz, segurança e firmeza serão instaurados pelo próprio Senhor, e tudo se tornará "muito bom" outra vez!

Por isso é importante que você, que pecou, se arrependeu e foi perdoado por Deus, tenha paz e prossiga em sua jornada!

PR. MARCELO VIDAL
Pastor auxiliar da Catedral Presbiteriana do Rio de Janeiro

Introdução

Eu lhes digo que, da mesma forma, haverá mais alegria no céu por um pecador que se arrepende do que por noventa e nove justos que não precisam arrepender-se.

LUCAS 15.7

Que alegria! Que júbilo perceber esta verdade da graça e do amor de Deus: os céus entram em festa quando alguém se arrepende de seus pecados! E isso acontece quer a pessoa esteja conhecendo o amor de Jesus pela primeira vez e tenha se arrependido de sua vida pregressa de desobediência, quer seja um cristão com anos de caminhada na fé que, por alguma razão, pecou. Sim, Jesus demonstrou seu amor e sua graça tanto para marinheiros de primeira viagem no evangelho quanto para experientes capitães de fragata. O perdão é para todos os que se arrependem, independentemente de quanto tempo de jornada com Cristo eles tenham.

Este livro tem duas finalidades básicas: levar paz a pessoas que se arrependeram de seus pecados mas ainda se sentem perseguidas pelos erros do passado, e levar à reflexão cristãos que mantêm um olhar de reprovação sobre os pecadores. Meu objetivo é fazer isso lembrando você de uma verdade fundamental: Jesus perdoa pecados.

Pode parecer óbvio, mas um olhar sincero para a realidade da vida nos mostra que muitos têm enorme dificuldade de se perdoar, mesmo após terem sido perdoados por Deus. Por outro lado, é possível perceber como é grande a quantidade de pessoas que simplesmente não conseguem perdoar pecadores arrependidos e tratá-los como o Senhor os trata após seu arrependimento. Seja por terem sido profundamente feridas e magoadas, seja por não terem uma compreensão bíblica do perdão divino, seja por nutrirem um sentimento de rancor ou mesmo vingança no coração, as razões são várias.

Jesus comissionou a Igreja para ser uma família de pessoas dedicadas a proclamar sua graça salvífica, a graça daquele que veio ao mundo não para condená-lo, mas para resgatá-lo. E, ao fazê-lo, devemos preparar discípulos bons e piedosos que glorifiquem ao Senhor. Nessa equação, o *perdão* é o elemento-chave.

Eu sou um pecador. Peco todos os dias. E, como tal, preocupo-me com o modo como têm sido tratados por outros cristãos aqueles irmãos que tiveram quedas. Também preocupa-me o fato de que pecadores sinceramente arrependidos, que acertaram sua vida com Deus após tomarem consciência de seu pecado, confessaram seus erros e deixaram suas práticas, não conseguem se perdoar. Talvez seja por uma culpa que não os abandona, talvez por uma culpa que os outros não deixam que eles abandonem.

O autor Max Lucado faz uma conta interessante. Depois de enfatizar que "todos pecaram e estão destituídos da glória de Deus" (Rm 3.23), ele nos lembra que somos todos — muito — pecadores e prova isso na ponta do lápis. Supondo que você peque 10 vezes a cada hora, multiplique essa quantidade pelas 16 horas que passa desperto a cada dia, vezes 365 dias por ano, multiplicado pelo tempo de vida médio do homem — cerca de 74 anos. Faz ideia de quanto dá isso? Pois o total, arredondado, são 4,3 milhões de pecados ao longo de uma vida!

Consegue imaginar o que isso significa? Que todos estamos em má situação aos olhos de Deus. Chegamos ao final da vida com o astronômico número de 4,3 milhões de pecados nas costas. Convenhamos, essa quantidade é humilhante. E é bom que seja, porque nos põe no devido lugar. A percepção de que somos milionariamente pecadores nos faz olhar com misericórdia para o pecado do próximo e com submissão para o único que pode lançar sobre a cruz essa montanha de pecados. Sim, olhamos com total dependência para o único que pode nos perdoar 4,3 milhões de vezes e nos fazer chegar "zerados" diante de Deus — por mérito da cruz.

Este livro mira na essência do evangelho: há perdão para você e para qualquer pessoa em todos os estágios da caminhada de fé. Foi para isso que Jesus veio à terra. Estamos acostumados a perdoar tudo o que alguém fez de errado antes da conversão, mas se o erro vem depois, a dificuldade de aceitar ou conceder perdão é enorme! Contudo, há esperança para o pecador. Há esperança para o pior dos pecadores. Há redenção para cristãos que cometeram falhas sérias. E há muito que eles ainda podem fazer pelo reino e pelo próximo após terem a vida aprumada pelo Espírito Santo.

O próprio apóstolo Paulo, um cristão sobre quem não pairam dúvidas de sua conversão, confessou que era um pecador e, ainda por cima, deixou esse fato declarado para a posteridade: "Pois o que faço não é o bem que desejo, mas o mal que não quero fazer, esse eu continuo fazendo" (Rm 7.19). Em outras palavras: "Sei o que é certo, mas ainda assim faço o que é errado". Diante dessa confissão transparente e corajosa, eu pergunto: Em que ele foi diferente de você? Essa constatação precisa ser nosso ponto de partida.

Que a leitura deste livro ajude você, que cometeu algum deslize (ou mais de um) do qual não consegue se perdoar, mas que está verdadeiramente contrito diante do Senhor, a adquirir a plena consciência de que já foi justificado por nosso advogado Jesus Cristo diante do Pai. E que não há nenhuma condenação para você.

Que você, que nunca cometeu um dos pecados considerados graves, veja neste livro um alerta para que não peque. Tome cuidado para não se deixar levar pelo excesso de autoconfiança. O pecado está à espreita e precisamos vigiar o tempo inteiro. Saber que podemos pecar deve manter nossa guarda constantemente levantada.

E que você, que não perdoa — ou até gostaria de fazê-lo, mas não consegue —, lembre-se de que a afirmação de Jesus na oração do pai-nosso é que não haverá perdão para quem não estender perdão: "Perdoa as nossas dívidas, assim como perdoamos aos nossos devedores" (Mt 6.12). Meu desejo com este livro é levá-lo a compreender que, se não perdoamos, estamos em péssima situação, pois Deus não nos perdoará de nossos deslizes enquanto não perdoarmos as transgressões dos outros.

Se você se enxergou em algum dos três tipos de pessoa descritos acima, este livro é para você.

Pecado é errado, é algo abominável, cheira mal às narinas do Santíssimo e deve ser evitado. Mas bastou uma única cruz ao longo da história para que ninguém mais precise ser crucificado. Que sejamos sempre aliados de Jesus para ajudar a pôr de pé o caído, para sermos agentes da restauração, médicos de feridas espirituais, ombros de consolo para quem não encontra paz pelo mal que cometeu. Pois Jesus não veio para os que têm saúde, mas para os doentes (Mc 2.17). Que sejamos médicos da graça e não carrascos da desgraça.

1

Verdades que você precisa saber sobre pecado e perdão

Se vocês permanecerem firmes na minha palavra, verdadeiramente serão meus discípulos. E conhecerão a verdade, e a verdade os libertará.

JESUS CRISTO

Pecadinho e *pecadão*: uma invenção humana

> Ora, as obras da carne são manifestas: imoralidade sexual, impureza e libertinagem; idolatria e feitiçaria; ódio, discórdia, ciúmes, ira, egoísmo, dissensões, facções e inveja; embriaguez, orgias e coisas semelhantes. Eu os advirto, como antes já os adverti: Aqueles que praticam essas coisas não herdarão o Reino de Deus.
>
> Gálatas 5.19-21

Quem morre mais, quem cai do 20º andar de um edifício ou do 40º? Essa, convenhamos, é uma pergunta bastante estranha. Como é possível "morrer mais"? Não importa, na verdade, o andar — se você cair de um ou de outro, o fim será igual. É a mesma lógica da famosa pergunta: "O que pesa mais, um quilo de algodão ou um quilo de chumbo?". Não importa o material, ambos pesam... um quilo.

Assim é com o pecado. Todos geram o mesmo resultado: afastamento de Deus e, logo, morte espiritual. Nenhum pecado tem "peso" maior que o outro; todos representam desobediência à vontade divina, apesar das polêmicas geradas por passagens como 1João 5.16-17 — sobre pecados que levam à morte. Seja um ou outro, todo pecado é uma ofensa ao Senhor, um ato de desobediência que gera morte espiritual. Nesse sentido, todos têm o mesmo fim. Não existe morte que mate mais que outra morte. Quem morre de queda de avião morre tanto quanto quem morre de pneumonia. Quem morre numa explosão nuclear morre tanto quanto quem morre de dengue.

Observe que a lista das obras da carne citadas por Paulo inclui: ódio, discórdia, ciúmes, ira, egoísmo, dissensões, facções e inveja; embriaguez, orgias e coisas semelhantes. Sobre esses pecados o apóstolo diz: "Aqueles que praticam essas coisas não herdarão o Reino de Deus".

Você já notou que a maioria das pessoas pratica esses pecados com no máximo um pouquinho de remorso, mas quase ninguém se sente realmente incomodado com isso ou sofre reprovação da parte das outras pessoas? Em nosso meio, atitudes como irar-se, sentir ciúmes e ter inimizades, por exemplo, são consideradas normais. Mas Deus não vê assim.

Poucas pessoas se afligem ou derramam lágrimas por sentir inveja de alguém ou por promover discórdias — embora a Bíblia diga claramente que "aqueles que praticam essas coisas não herdarão o Reino de Deus"! Já parou para pensar nisso? Que grave! No entanto, é comum ver cristãos cometendo esses pecados sem grande culpa na consciência. Discórdias? Não conheço um único líder ou membro de igreja que não as tenha. E Paulo diz: "Aqueles que praticam essas coisas não herdarão o Reino de Deus"! Diante disso, como alguém pode achar esse ou aquele um pecado menor que, por exemplo, o sexo antes do casamento? São graves do mesmo jeito.

É raro ouvir-se uma pregação sobre esses pecados. Ninguém se divorcia por ter um marido invejoso nem é execrado pelos irmãos por ter discórdia com outra pessoa. A maioria nem ao menos se lembra de fazer uma oração de perdão por essas atitudes.

"Aqueles que praticam essas coisas não herdarão o Reino de Deus": se tanto quem peca por imoralidade sexual quanto por ciúmes não herdará o reino de Deus, que diferença há? Por que dividimos os pecados em *pecadinho* e *pecadão*?

Pecador é pecador

Se afirmarmos que não temos cometido pecado, fazemos de Deus um mentiroso, e a sua palavra não está em nós.

1João 1.10

Todo cristão já ouviu a frase "não cai uma folha da árvore se Deus não deixar". Já escutei até sermões em que o pregador a citava. Em meu *blog* pessoal, uma pessoa deixou um comentário se dizendo chateada porque escrevi num artigo que essa frase não está na Bíblia. O curioso é que realmente não está. Não passa de uma expressão cultural que, de tanto ser repetida, muitos acabam acreditando estar nas Escrituras. Mas não está.

De igual modo, a explicação para separarmos os pecados em classes de maiores e menores não é bíblica, mas cultural. Se ignorarmos a Bíblia, o que passa a contar são a cultura e as tradições. E, historicamente, sem percebermos, dividimos os pecados em três categorias:

1. Aqueles de que você nem se lembra que *são pecados*.
2. Aqueles que, se você comete, configura que *pecou*.
3. Aqueles que, se você comete, configura que está *vivendo em pecado*.

Por uma questão de herança cultural, separamos os pecados em *mais graves* e *menos graves* — quando a Bíblia não faz isso. Seja franco: você sente peso na consciência quando comete infrações no trânsito, trata mal um empregado ou percebe que está deixando suas vaidades ocuparem mais espaço em seu coração do que deveriam?

Muitas vezes, usamos a seguinte desculpa: "Pequei, mas não vivo pecando". Você já falou isso? Eu já. Justificamo-nos, sem perceber que no dia seguinte cometeremos o mesmo pecado. E no outro. E no outro. E no outro. E viveremos pecando, *sim*. Todo mundo vive pecando.

O apóstolo João afirma com todas as letras: "Se afirmarmos que não temos cometido pecado, fazemos de Deus um mentiroso, e a sua palavra não está em nós". O tempo verbal utilizado no original grego e traduzido por "não temos cometido pecado" é *ou hamartanō*, que significa exatamente uma ação que era feita no passado e que continua sendo feita no presente. Em outras palavras, chama Deus de mentiroso quem afirma não praticar hoje pecados que já praticava. É, no mínimo, algo para se refletir.

As três categorias de pecados segundo o homem

Eu lhes perdoarei a maldade e não me lembrarei mais dos seus pecados.

Jeremias 31.34

Como já vimos, há muitas frases que multidões juram de pés juntos que estão na Bíblia, mas não estão. Coisas como "não cai uma folha da árvore se Deus não deixar", "a mil chegarás mas de dois mil não passarás", "a fé move a mão de Deus" e "Deus muda o caráter mas não o temperamento". São frutos da cultura evangélica. Ditos populares repetidos tantas vezes que acabam se impregnando no meio cristão. Acontece que não estão na Bíblia. Com os pecados ocorre a mesma coisa. A cultura estabeleceu as três categorias de pecados já citadas — que são amplamente consideradas, mas biblicamente equivocadas.

Na primeira categoria de pecados, "aqueles de que você nem se lembra", entram, por exemplo, a glutonaria, a maledicência, a inveja, o ciúme, a ira e outros erros graves, que a maioria de nós comete mas não entende que está fazendo algo cujos praticantes não herdarão o reino de Deus — e que exigem sincero arrependimento como qualquer outro pecado.

Na segunda categoria, "aqueles que, se você comete, configura que *pecou*", entram práticas como consumo de pornografia, agressão física, discussões ofensivas, receber o troco a mais sem devolver, desonrar os pais ou levar os filhos à ira. São pecados que geralmente nos deixam de consciência pesada e por isso acabamos pedindo perdão em oração. E seguimos com a vida, sem maiores transtornos.

E há a terceira categoria, "aqueles que, se você comete, configura que está *vivendo em pecado*", como os de cunho sexual (adultério, sexo antes do casamento e correlatos), roubo, consumo de drogas e embriaguez. É aqui que a coisa fica séria. Trata-se daqueles pecados que, praticados, tornam o indivíduo um proscrito na igreja. Um ser contagioso. Um nome a ser sussurrado. Que ninguém, exceto quem já frutificou no caráter de Cristo, tem coragem de abraçar publicamente com compaixão sincera. Que, da noite para o dia, deixa de ter como amigo quem se dizia amigo — não cai bem, afinal. São deslizes que levarão muitos a ser disciplinados, a ter de pedir perdão em público, a ficar proibidos de tomar a Ceia do Senhor e talvez até a ser expulsos da igreja (ou, no mínimo, afastados de suas atividades por um longo período).

Para vivermos como Jesus ensinou, precisamos abolir essas três categorias. Devemos enxergar os pecados com horizontalidade, isto é, todos são igualmente nocivos a nós e ofensivos a Deus. E devemos entender que o perdão é para todos, seja da primeira, da segunda ou da terceira categoria.

Só um pecado é imperdoável

Eu lhes asseguro que todos os pecados e blasfêmias dos homens lhes serão perdoados, mas quem blasfemar contra o Espírito Santo nunca terá perdão: é culpado de pecado eterno.

MARCOS 3.28-29

Entre todas as inúmeras maneiras de pecar, existe uma e somente uma para a qual a Bíblia nos diz que não há perdão: a blasfêmia contra o Espírito Santo. Esse pecado enche de pavor muitas pessoas: "Meu Deus, eu falei tal coisa, será que blasfemei contra o Espírito Santo?".

Para responder isso, precisamos entender o que exatamente significa blasfemar contra o Espírito de Deus. O curioso é que, em geral, quem entra em crise por acreditar que cometeu essa blasfêmia é justamente quem não o fez.

Entenda: quem blasfema contra o Espírito Santo jamais se arrepende e, portanto, nunca entraria em crise achando que a cometeu. E por quê? Ora, se essa pessoa se torna imune ao perdão, jamais se sentirá arrependida de seus pecados, visto que quem toca no coração e denuncia a transgressão é o próprio Espírito Santo (Jo 16.8). E, pare para pensar, como ele levaria alguém a se arrepender e pedir perdão de algo que não tem perdão? Simplesmente não faria sentido.

Então, se há arrependimento, logicamente é porque não houve blasfêmia contra o Espírito de Deus. Qualquer pessoa que pense ter blasfemado contra ele mas se arrependeu precisa compreender que, na realidade, não blasfemou. Pois, caso contrário, não estaria arrependido.

E o que exatamente significa *blasfêmia?* Precisamos buscar uma explicação correta, pois muitos têm uma ideia vaga ou equivocada a respeito. Segundo os dicionários, "blasfemar" é fazer uma afirmação insultante contra o que se considera como sagrado. Mas temos de entender o significado dessa palavra no contexto bíblico em que foi usada.

Quando Jesus faz essa afirmação acerca do pecado imperdoável, os fariseus acabaram de acusá-lo de expulsar demônios pelo poder de Satanás (Mc 3.22). O que ele está dizendo a eles é que blasfemar contra o Espírito Santo significa acusar Deus de atuar em nome de Satanás — isto é, eles rejeitam a revelação que o Espírito faz de Jesus.

Há uma boa notícia nessa história. Se só existe um único pecado imperdoável, isso significa que, para todos os outros pecados, por mais graves que sejam, há perdão. Assassinato, adultério, fornicação, roubo, arrogância, ganância, vaidade, ira, ciúme — o Senhor se dispôs a perdoar tudo isso. E foi para isso que ele encarnou.

É possível um bom cristão escorregar

Irmãos, não lhes pude falar como a espirituais, mas como a carnais, como a crianças em Cristo. Dei-lhes leite, e não alimento sólido, pois vocês não estavam em condições de recebê-lo. De fato, vocês ainda não estão em condições, porque ainda são carnais. Porque, visto que há inveja e divisão entre vocês, não estão sendo carnais e agindo como mundanos?

1Coríntios 3.1-3

Alguns acadêmicos defendem que a expressão "cristão carnal" não existe, pois seria uma contradição em termos. No entanto, lemos nessas palavras de Paulo aos cristãos em Corinto exatamente isso: vocês "ainda são carnais".

E quem são esses?

São aqueles que, mesmo tendo conhecido a graça de Jesus, se deixam dominar por instintos carnais e agem, por algum tempo, em desobediência a Deus.

John Gill, considerado pelo "príncipe dos pregadores", Charles Spurgeon, o melhor comentarista bíblico que ele conhecia, diz em sua obra *Exposition of the Entire Bible*:

Isso não significa que estivessem num estado carnal, como homens não regenerados, mas tinham concepções carnais das coisas, estavam em estados carnais da alma e viviam em conversações carnais uns com os outros. Embora não estivessem na carne, num estado natural, ainda assim a carne estava neles e não apenas militavam contra o Espírito, mas predominava neles, carregava-os cativos, a ponto de se dizer que eram dominados pela carne.[1]

Então, sim, há cristãos carnais.

Não à toa, Paulo diz sobre aqueles *irmãos* (v. 1) carnais (do grego *sarkikos*, que significa literalmente "pertencente à carne") que eles criam (v. 5), eram "lavoura de Deus e edifício de Deus" (v. 9), eram santuário de Deus e que o Espírito de Deus habitava neles (v. 16) e eram "de Cristo" (v. 23). Logo, não há como duvidar que o apóstolo se dirigia a cristãos realmente salvos, mas que viviam de modo pecaminoso.

Portanto, biblicamente é sim possível — embora nada desejável ou justificável — um cristão salvo viver períodos pecaminosamente carnais.

[1] "John Gill's Exposition of the Entire Bible", *e-Sword*. Copyright © 2000-2014 by Rick Meyers. Disponível em <www.e-sword.net>. Trecho traduzido pelo autor.

Somos vasos de barro com um tesouro

Mas não pregamos a nós mesmos, mas a Jesus Cristo, o Senhor, e a nós como escravos de vocês, por causa de Jesus. Pois Deus, que disse: "Das trevas resplandeça a luz", ele mesmo brilhou em nossos corações, para iluminação do conhecimento da glória de Deus na face de Cristo. Mas temos esse tesouro em vasos de barro, para mostrar que este poder que a tudo excede provém de Deus, e não de nós.

2Coríntios 4.5-7

Existe entre nós a falsa ideia de que a igreja primitiva, dos primeiros três séculos do cristianismo, era quase perfeita. Mas não era. Basta lermos as epístolas e as sete cartas de Apocalipse e veremos que em nossos dias vivemos os mesmos problemas, por exemplo, que viviam os coríntios para quem Paulo escreveu.

Para se ter uma noção, a igreja de Corinto convivia com os mais variados tipos de pecados. Havia divisões internas e partidarismos (1Co 1.10-17; 3.1-23). Alguns de seus membros tinham se tornado arrogantes (4.18-19). A imoralidade era prática comum entre alguns, a ponto de um dos membros ter relações sexuais com a própria madrasta (5.1). Aqueles cristãos conviviam ainda com o orgulho (5.2,6), e supõe-se que havia ali quem, "dizendo-se irmão", era "imoral, avarento, idólatra, caluniador, alcoólatra ou ladrão" (5.11). Irmãos com queixas contra outros irmãos da igreja ousavam "apresentar a causa para ser julgada pelos ímpios, em vez de levá-la aos santos" (6.1), enquanto alguns se punham em jugo desigual com descrentes (2Co 6.14).

A coisa andava tão complicada que Paulo chega a dizer aos coríntios: "As reuniões de vocês mais fazem mal do que bem" (1Co 11.17), pois havia desordem nos cultos (14.26-40), e muitos até mesmo tomavam a Ceia "sem discernir o corpo do Senhor" (11.29). Perceba que tudo isso eram problemas ocorridos no meio da igreja. Em nossos dias, problemas semelhantes também não são incomuns entre os cristãos.

Admitamos: somos salvos, mas todos cometemos torpezas. O problema acontece quando os deslizes de uma pessoa se encaixam no terceiro grupo ("aqueles que, se você comete, configura que está *vivendo em pecado*") e ganham notoriedade. Aí a coisa fica feia. Mesmo que tenham se arrependido, vão encarar uma barra pesada.

O risco consiste em nos distanciarmos daquilo que Cristo pregou e viveu e colocarmos o amor em segundo plano — pois o amor pressupõe o perdão total. Acontece que, sem amor, não somos seguidores de Jesus. Aqueles que não amam, que discriminam ou fazem mal a irmãos que pecaram, deveriam se lembrar de que somos todos vasos de barro. O que em nada anula o fato de que aquele que habita em nós e a quem proclamamos é um tesouro excelente.

Nunca podemos nos esquecer de que não existe perfeição entre seres humanos. Deus não se esquece disso e, por conhecer a nossa natureza, que é pó, se compadece da humanidade e oferece perdão ilimitado.

Prevenir é melhor que remediar

Imediatamente um galo cantou. Então Pedro se lembrou da palavra que Jesus tinha dito: "Antes que o galo cante, você me negará três vezes". E, saindo dali, chorou amargamente.

MATEUS 26.74-75

É fato conhecido no meio militar que, quando você se sente vulnerável e sob risco, a tendência é manter sua guarda levantada. O grande perigo é ser pego despercebido de que há um inimigo no horizonte. A sentinela cochilar é tiro e queda para que as tropas adversárias tomem de assalto seu quartel.

Até porque o seu pior inimigo não está do lado de lá da muralha, mas do lado de cá. E não, não estou falando do Diabo. Estou falando de você mesmo, habitação do Espírito Santo mas, ao mesmo tempo, dono de uma natureza pecaminosa inata.

Observe que o Diabo não obriga ninguém a pecar. Ele é um grande sedutor. Chega ao ouvido do seu espírito e começa a sussurrar o que você deve fazer. A decisão, porém, é sua.

Ao contrário do que se costuma pensar, normalmente alguém com desejo sincero de viver segundo a ética cristã não peca por "sem-vergonhice". Em geral, há uma confluência de fatores que ajudam a enfraquecê-lo e o levam a baixar a guarda, fazendo sua humanidade, falibilidade e pecaminosidade se sobressaírem a seu domínio próprio. De repente, suas defesas, por tantos anos impenetráveis, tornam-se vulneráveis. E, quando o pecado se apresenta, seu chão está instável e você não tem forças para se agarrar a nada. Então... afunda.

Uma série de razões pode desestruturar o cristão sincero e enfraquecer seu domínio próprio, tornando-o alvo fácil para o pecado que, em seu estado normal, ele não cometeria. São muitas. Entre elas estão fatores como crises conjugais, problemas de saúde, uso indevido de medicamentos, prepotência, arrogância, egocentrismo, esfriamento nas práticas devocionais, afastamento da igreja, mau uso da internet, mudança de foco, devoção a causas secundárias e negligência com o principal, desvio do chamado divino, permissão para que problemas de certas áreas da vida invadam outras e inversão de prioridades.

Por isso, é importante saber o que o enfraquece, pois cada caso é um caso. Sabendo de antemão que situação o torna vulnerável, será bem mais fácil se proteger quando ela acontecer.

Só glorifica a Deus quem ama o próximo

Os fariseus se reuniram. Um deles, perito na lei, o pôs à prova com esta pergunta: "Mestre, qual é o maior mandamento da Lei?" Respondeu Jesus: "'Ame o Senhor, o seu Deus, de todo o seu coração, de toda a sua alma e de todo o seu entendimento'. Este é o primeiro e maior mandamento. E o segundo é semelhante a ele: 'Ame o seu próximo como a si mesmo'. Destes dois mandamentos dependem toda a Lei e os Profetas".

MATEUS 22.34-40

Sabemos que nós, a humanidade, fomos criados para glorificar a Deus (Is 43.7). Mas existe um enorme equívoco sobre o que isso significa.

Não adianta nada ficar dizendo "Glória a Deus!" nos cultos ou nas orações, nem pregar ou organizar palestras e conferências teológicas sobre a glória de Deus, se não o amamos acima de todas as coisas e ao próximo como a nós mesmos.

Se a meta principal da vida cristã é a glória do Senhor e o maior mandamento é amá-lo de todo o coração, de toda a alma e de todo o entendimento *e ao próximo como a si mesmo*, não é difícil concluir que só quem ama o próximo glorifica a Deus. Só quem protege e faz o bem ao outro dá glória ao Senhor com suas atitudes.

Sempre que um cristão estende misericórdia e amor a um necessitado, o Altíssimo é glorificado na terra. Muitas vezes, ajudar o próximo significa amparar um caído arrependido para que ele fique de pé e consiga prosseguir em sua jornada.

Precisamos nos lembrar das palavras de Tiago: "Quem sabe que deve fazer o bem e não o faz, comete pecado" (Tg 4.17). Omissão em demonstrar o verdadeiro amor pelo próximo não glorifica a Deus. Por isso é tão urgente amar o pecador e dedicar-se a pô-lo de volta no caminho do Senhor. Se eu não faço isso, mas digo que glorifico Deus, só estou glorificando da boca para fora.

Então, se você se preocupa em glorificar e amar a Deus, mas percebe que não tem demonstrado esse amor ao próximo, é hora de pensar seriamente sobre isso. Só assim seremos como Jesus deseja: amorosos, alegres, pacíficos, pacientes, amáveis, bondosos, cheios de fé, com mansidão e domínio próprio (Gl 5.22-23). Só assim conseguiremos perdoar como Jesus perdoa: com graça e amor.

Enquanto não subirmos esse primeiro degrau, tudo o mais pouco importa.

Amor gera atitude

Se alguém afirmar: "Eu amo a Deus", mas odiar seu irmão, é mentiroso, pois quem não ama seu irmão, a quem vê, não pode amar a Deus, a quem não vê.

1JOÃO 4.20

Certo, sabemos que temos de amar o próximo. Mas... quem é o próximo? Não é só o santo da igreja (isso existe?), o maior dizimista ou alguém que pode nos proporcionar benefícios: é, como Jesus ensina na parábola do bom samaritano, o diferente, o necessitado de cuidados, o digno de compaixão, aquele de quem menos gostaríamos de cuidar (Lc 10.30-37).

E em nenhum dicionário do mundo *amar* é sinônimo de discriminar, acusar, falar mal, exilar, afastar-se, criticar, prejudicar. Pelo contrário. Segundo um dicionário, *amar* significa, entre outras coisas:

1. Sentimento que induz a aproximar, a proteger ou a conservar a pessoa ≠ ÓDIO, REPULSA.
2. Disposição dos afetos para querer ou fazer o bem a algo ou alguém ≠ DESPREZO, INDIFERENÇA.
3. Grande dedicação ou cuidado ≠ DESCUIDO, NEGLIGÊNCIA.[2]

Claro como água, não é? Quem diz que ama ou vive para a glória de Deus, mas manifesta ódio, repulsa, desprezo,

---

[2] Dicionário Priberam da Língua Portuguesa, disponível *on-line* em <http://www.priberam.pt/dlpo/default.aspx?pal=amor>. Acesso em 20 de fev. de 2014.

indiferença, descuido ou negligência por alguém, mesmo que esse alguém seja um cristão que caiu num pecado considerado mais grave que os outros, na verdade não ama nem glorifica a Deus, pois é um amor de palavra, não de atitude.

É possível que essa pessoa tenha sido mal ensinada no amor de Cristo e não o compreenda de fato. Afinal, quem ama necessariamente se aproxima, protege, conserva, faz o bem, se dedica e cuida do próximo — mesmo que este seja o pior dos pecadores.

Devemos sempre ter na mente e no coração a instrução do apóstolo João. Ele nos exorta a amar uns aos outros, "pois o amor procede de Deus", e afirma: "Aquele que ama é nascido de Deus e conhece a Deus. Quem não ama não conhece a Deus, porque Deus é amor" (1Jo 4.7). O "discípulo a quem Jesus amava" conclui:

> Amados, visto que Deus assim nos amou, nós também devemos amar uns aos outros. Ninguém jamais viu a Deus; se amarmos uns aos outros, Deus permanece em nós, e o seu amor está aperfeiçoado em nós. [...] Ele nos deu este mandamento: Quem ama a Deus, ame também seu irmão.
>
> 1João 4.11-12,21

Se o seu irmão é amável, ame-o. Se o seu irmão não é amável... ame-o do mesmo jeito. E que seja um amor demonstrado não só por palavras, mas, principalmente, por meio de atitudes. Pois, ao agir em favor do próximo com atos de amor, você estará amando a Deus sobre todas as coisas (Mt 22.34-40) — e, com isso, cumprindo o maior dos mandamentos.

O pior dos pecadores pode tornar-se um grande homem de Deus

Esta afirmação é fiel e digna de toda aceitação: Cristo Jesus veio ao mundo para salvar os pecadores, dos quais eu sou o pior. Mas por isso mesmo alcancei misericórdia, para que em mim, o pior dos pecadores, Cristo Jesus demonstrasse toda a grandeza da sua paciência, usando-me como um exemplo para aqueles que nele haveriam de crer para a vida eterna.

1 Timóteo 1.15-17

Paulo era um homem que detestava e devastava a igreja. Ele ia "de casa em casa, arrastava homens e mulheres e os lançava na prisão" (At 8.3) e "respirava ameaças de morte contra os discípulos do Senhor" (At 9.1).

Mas então ele tem um encontro com Cristo. Anos adiante, é arrebatado ao céu, onde vê coisas inefáveis. Como alguém que passou por uma experiência assim poderia continuar pecando? Pois acredite: ele continua.

Paulo chama a si mesmo, tempos depois de conhecer Jesus, de "o pior dos pecadores". Sinal de que sabe quantas transgressões comete. Ainda assim, prossegue errando, reconhecendo seu pecado e se dedicando ao ministério. Desnecessário dizer como, da estrada de Damasco até o fim da vida, o apóstolo dos gentios investiu seus dias na propagação do evangelho. "Portanto, meus irmãos, quero que saibam que mediante Jesus lhes é proclamado o perdão dos pecados" (At 13.38), anunciava com destemor Paulo de Tarso, o pecador arrependido.

E por que ele tomou essa atitude? A verdade é que, no episódio registrado sobre seu arrependimento, ele entrou num processo de tristeza profunda e ficou sem comer nem beber por três dias. Mas, depois de passado o luto desse período, a palavra do Senhor veio até ele e lhe disse para prosseguir:

> Agora, levante-se, fique em pé. Eu lhe apareci para constituí-lo servo e testemunha do que você viu a meu respeito e do que lhe mostrarei. Eu o livrarei do seu próprio povo e dos gentios, aos quais eu o envio para abrir-lhes os olhos e convertê-los das trevas para a luz, e do poder de Satanás para Deus, a fim de que recebam o perdão dos pecados e herança entre os que são santificados pela fé em mim.
>
> Atos 26.16-18

O pior dos pecadores pode se tornar um grande homem de Deus. Jamais nos esqueçamos disso. Mas, para que ocorra de fato essa mudança, precisamos fazer como Paulo: reconhecer nossos pecados.

Reconhecer o erro é o primeiro passo para o perdão

Vigiem e orem para que não caiam em tentação. O espírito está pronto, mas a carne é fraca.

MARCOS 14.38

Um conhecido meu cometeu adultério. Arrependeu-se. Mudou de atitude. Pediu perdão a Deus e à família. Hoje é um homem restaurado e ativo na obra do Senhor. Percebi a importância de se reconhecer o erro para Deus sem deixar nada escondido ao ouvir seu relato:

Eu pequei. Existem mil desculpas e explicações que justificariam meus atos. No fim das contas, porém, nenhuma importa. Pois eu pequei. Simples assim. *Mea culpa. Mea maxima culpa.* Mais de dez anos após Jesus me ter estendido sua graça e eu ter abraçado as boas-novas da salvação, simplesmente me deixei seduzir por minha humanidade e minhas inclinações pecaminosas, permiti que meus instintos carnais viessem à tona e pequei.

Ao adulterar, pequei contra meu Pai celestial. Pequei contra minha esposa. Pequei contra minha parceira no crime. Pequei contra mim mesmo. Entristeci o Espírito de Deus. E criei cicatrizes que, embora a ferida esteja fechada, nunca desaparecerão.

Não tenho nenhum orgulho do que fiz. Entristeço-me toda vez que me lembro. Como todo pecado, cometemos sabendo que é errado, mas somos impulsionados por uma força que nos cega e não nos faz ver na hora a extensão do nosso erro. Mas depois... Só Jesus sabe a profundidade da dor que sente quem se reconhece errado aos olhos do Pai.

Mas creio (mais que isso, eu sei, pois a Bíblia mostra e afirma) que Deus é capaz de transformar o pior dos pecadores num valioso instrumento para o seu reino.

Quando eu lhe perguntei por que tinha concordado em dar seu testemunho para este livro, ele me respondeu:

Resolvi voltar a falar sobre aquilo de que me arrependerei pelo resto da vida por uma única razão: desejo ajudar. Quero que meu erro ajude quem está em pecado a abandoná-lo. Tudo já foi tratado com muita dor e sofrimento entre as paredes da minha casa e do gabinete pastoral. Sei que fui perdoado. E me faria melhor não retornar a esse assunto. Mas também sei que, assim como eu, há milhões de cristãos que passam, passaram ou passarão exatamente pelo que passei e sentem-se caídos da graça de Deus, desesperançados, sem rumo, enxergando-se dignos do inferno, sem sentir o perdão e a reconciliação daquele que subiu à cruz justamente para nos perdoar e nos reconciliar com o Pai.

Ali, diante de meu amigo, percebi que a indesejável culpa pelo pecado pode se transformar numa grande força que nos move em direção à santidade.

A culpa pode ser construtiva

Tem misericórdia de mim, ó Deus, por teu amor; por tua grande compaixão apaga as minhas transgressões. Lava-me de toda a minha culpa e purifica-me do meu pecado.

Salmos 51.1-2

O conceito de *culpa* é execrado pelas pessoas por uma razão bem clara: ele se contrapõe frontalmente ao desejo de ser feliz. Pois a culpa gera tristeza, e a tristeza é adversária da felicidade.

Assim, a ideia de que sentir culpa pode ser algo benéfico por algum tempo — como resultado da ação graciosa de Deus (e não em oposição à graça) — é ofensiva ao conceito de felicidade de nossa época. Afinal, você e eu queremos seguir Jesus para ser felizes, fugir da tristeza, livrar-nos de toda a culpa e assim alcançar o máximo de alegria que a vida com Cristo poderia nos proporcionar.

O anseio por felicidade na vida cristã é legítimo. Contudo, até chegarmos ao momento em que seremos plenamente felizes, teremos de enfrentar muitas dores — entre elas a da culpa e a da tristeza. O evangelho não nos promete uma vida terrena isenta de dificuldades (Jo 16.33; At 14.22; Rm 5.3). No que tange ao papel da culpa no processo de levar o pecador ao arrependimento, a sequência é:

1. O cristão peca.
2. O Espírito Santo o convence do seu pecado.
3. Esse convencimento faz brotar no coração de quem pecou, adivinhe você, culpa (Sl 38.18; Sl 51.2).

4. A percepção dessa culpa o leva ao arrependimento mediante a ação graciosa do Espírito Santo.
5. A confissão do pecado aciona a ação intercessória de Cristo junto ao Pai, e o pecado é apagado.
6. A consciência de ter recebido o perdão de Deus produz tranquilidade, gratidão e alegria no coração do pecador. O sentimento de culpa cessa.

Quando o profeta Natã mostra a Davi que ele é réu de pecado, o rei, assolado por seu sentimento de culpa, escreve: "Livra-me da culpa dos crimes de sangue, ó Deus, Deus da minha salvação! E a minha língua aclamará a tua justiça" (Sl 51.14).

Precisamos abandonar o conceito freudiano de culpa como elemento *destruidor* e passar a abraçar o conceito bíblico de culpa como elemento *transformador*. Para Freud, a culpa gera neuroses. Para o Deus da graça, a culpa leva ao arrependimento dos pecados — e, com isso, à felicidade na vida com Cristo.

A culpa age como um combustível para buscarmos, com a mesma contrição de Davi, o Deus Todo-poderoso que... nos livra da culpa. E, somente mediante esse contato, deixaremos de ser escravos dela — por meio da ação perdoadora, reconciliadora e justificadora do Jesus ressurreto.

Assim, por mais estranho que possa parecer, é justamente a culpa que, pela ação de Deus, nos livrará da culpa. E isso sim é graça: ser culpado mas ser absolvido da culpa sem nenhum merecimento. Pois tudo é mérito da cruz.

≈

A tristeza que alegra Deus

Mesmo que a minha carta lhes tenha causado tristeza, não me arrependo. É verdade que a princípio me arrependi, pois percebi que a minha carta os entristeceu, ainda que por pouco tempo. Agora, porém, me alegro, não porque vocês foram entristecidos, mas porque a tristeza os levou ao arrependimento. Pois vocês se entristeceram como Deus desejava, e de forma alguma foram prejudicados por nossa causa. A tristeza segundo Deus não produz remorso, mas sim um arrependimento que leva à salvação, e a tristeza segundo o mundo produz morte. Vejam o que esta tristeza segundo Deus produziu em vocês: que dedicação, que desculpas, que indignação, que temor, que saudade, que preocupação, que desejo de ver a justiça feita!

2CORÍNTIOS 7.8-11

Que elemento em comum você percebe nos casos de Davi, Pedro e Paulo, após o primeiro ser confrontado com sua desobediência pelo profeta Natã, o segundo ouvir o galo cantar e o terceiro ser questionado pela voz do Senhor no caminho para Damasco?

A tristeza.

Pois esse é um fato: o perdão é concedido mediante o arrependimento e a vida do pecador é totalmente restaurada, mas o servo de Deus que errou e se arrependeu sentirá por algum tempo, como consequência, uma profunda tristeza da alma. A noção de que você entristeceu o coração daquele que entregou a vida por você o faz se sentir o último dos homens.

A boa notícia é que essa tristeza é maravilhosa. Não como sentimento, claro, pois ela provoca uma dor que ninguém deseja sentir. Mas, como mecanismo de purificação de pecados, é um daqueles remédios amargos que curam o resfriado em pouco tempo e logo resultam em grande alegria. O apóstolo Paulo revela em sua segunda carta aos coríntios que é uma tristeza terapêutica, essencial e até desejável.

Que fascinante. Paulo diz que foi a tristeza causada pela Palavra de Deus, na forma de sua carta anterior, que conduziu os cristãos de Corinto ao arrependimento. Certamente ele se refere às exortações ali contidas.

E mais, ele afirma que essa tristeza era exatamente o que Deus queria. O motivo? Porque, acima de tudo, o desejo do Senhor é que haja salvação. Se for preciso que a tristeza seja o canal para a concretização dessa salvação, que assim seja. Portanto, se você está entristecido por algum pecado que cometeu ou por algum comportamento pecaminoso que manteve por certo tempo, saiba que a tristeza em seu coração é desejo do Altíssimo. Mas não para seu mal: o objetivo é a salvação de sua alma. Então alegre-se em sua tristeza, pois Deus ama você!

Perdão depende de saber e não de sentir

Eu sei que o meu Redentor vive, e que no fim se levantará sobre a terra.

Jó 19.25

Jó sentia muitas coisas quando disse essa frase. Dor. Solidão. Desamparo. Tristeza. Sofrimento. Depressão. A perda de seus filhos e bens. Sentia o que nenhum de nós deseja sentir. Mas ele *sabia* de algo que deixava todas essas coisas em segundo plano: Deus vive! Ele não me abandonou!

Vivemos numa época em que o *sentir* é supervalorizado. É curioso ouvir um pregador dizer à igreja: "Sinta a presença de Deus!", como se sentir fosse algo sobre o qual tivéssemos controle. É como dizer "sinta calor" no ápice do inverno ou "sinta fome" quando os irmãos saíram direto da churrascaria para o culto. Portanto, não adianta nada o pregador lhe dizer para "sentir a presença de Deus" se você não sente!

Imagine que você está doente. Uma infecção tomou conta de seu corpo, provocando febre e aquele mal-estar característico. Você então se dirige ao hospital, e o médico receita um remédio, garantindo que ele resolverá seu problema. Quando você toma a primeira dose do medicamento, parece que nada acontece. Dificilmente alguém já se sente totalmente recuperado de uma infecção após a primeira colherada do antibiótico. O remédio já está em seu organismo e as bactérias já começaram a ser atacadas, mas você continua sem *sentir* nenhum resultado. Se você é como eu, porém, a partir desse momento já passa a ter certa tranquilidade em seu coração, porque *sabe,* racionalmente, que o processo necessário para ter a saúde totalmente restabelecida já está em andamento.

Do mesmo modo, quando pecamos, nos arrependemos e pedimos perdão a Deus, muitos ficam infelizes por "não sentir" esse perdão. E é nisso que estão errando. O perdão não tem nada a ver com *sentir*, tem a ver com *saber*.

Eu leio as promessas bíblicas. Descubro como se processa o perdão. Mediante a ação do Espírito, arrependo-me e confesso meu pecado. Pronto, está feito. Não vou sentir um calor ou um arrepio que denuncia o perdão de Deus. Ele, racionalmente, já foi concedido.

Há pessoas enlutadas consigo mesmas e que, embora tenham verdadeiramente sido perdoadas por Deus, não se *sentem* perdoadas. Acordam todos os dias de manhã sem coragem de se encarar no espelho. Não se olham nos olhos. Estão verdadeiramente arrependidas, foram de fato perdoadas pelo Redentor, mas elas mesmas ainda não se perdoaram nem reconheceram o perdão divino. E carregam o jugo do pecado por anos, ainda que já tenham alcançado graça aos olhos do Pai.

Então não atrele o perdão dos seus pecados a *sentir* alguma coisa. Basta *saber*. E você estará perdoado. Tenha essa certeza.

Ser transparente é fundamental

Porque tenho o desejo de fazer o que é bom, mas não consigo realizá-lo. Pois o que faço não é o bem que desejo, mas o mal que não quero fazer, esse eu continuo fazendo. Ora, se faço o que não quero, já não sou eu quem o faz, mas o pecado que habita em mim.

Romanos 7.18-20

Na época do apóstolo Paulo, havia uma forma terrível de se torturar um criminoso: amarrava-se o condenado a um cadáver, bem encostado e apertado. Na medida em que o corpo do morto apodrecia, os vermes e micro-organismos que causam a decomposição começavam a devorar também a carne do homem vivo. Era algo repulsivo, doloroso física e mentalmente e destrutivo. Aquilo costumava ser chamado de "corpo da morte".

Paulo usa essa apavorante imagem para dar um nobre exemplo: a confissão de sua natureza pecaminosa. Esse é o "corpo sujeito a esta morte" a que Paulo se refere: seu pecado. Ele é franco e transparente ao se apresentar como alguém — em suas próprias palavras — que é *habitação do pecado, escravo do pecado* e *prisioneiro da lei do pecado*:

Sabemos que a Lei é espiritual; eu, contudo, não o sou, pois fui vendido como escravo ao pecado. Não entendo o que faço. Pois não faço o que desejo, mas o que odeio. E, se faço o que não desejo, admito que a Lei é boa. Neste caso, não sou mais eu quem o faz, mas o pecado que habita em mim. Sei que nada de bom habita em mim, isto é, em minha carne. Porque tenho o desejo de fazer o que é bom, mas não consigo realizá-lo. Pois o que faço não é o bem que desejo, mas o mal que não quero fazer, esse eu continuo fazendo. Ora, se faço o que não quero, já não sou eu quem o faz, mas o pecado que habita em mim.

Assim, encontro esta lei que atua em mim: Quando quero fazer o bem, o mal está junto a mim. No íntimo do meu ser tenho prazer na Lei de Deus; mas vejo outra lei atuando nos membros do meu corpo, guerreando contra a lei da minha mente, tornando-me prisioneiro da lei do pecado que atua em meus membros. Miserável homem que eu sou! Quem me libertará do corpo sujeito a esta morte? Graças a Deus por Jesus Cristo, nosso Senhor! De modo que, com a mente, eu próprio sou escravo da Lei de Deus; mas, com a carne, da lei do pecado.

Romanos 7.14-25

Precisamos seguir o exemplo de Paulo e ser francos a respeito de quem somos. Fingir uma falsa perfeição e posar de "santo sem pecado" não nos ajudará em nada a ser íntimos de Deus — e ainda nos assemelhará a um grupo de pessoas que Jesus repetidamente chamou de *hipócritas*: os fariseus. Assuma sua realidade. Seja honesto. Deus se agrada de quem se reconhece pelo que é.

A grande solução

Quem esconde os seus pecados não prospera, mas quem os confessa e os abandona encontra misericórdia. Como é feliz o homem constante no temor do Senhor.

Provérbios 28.13-14

Eu sou pecador. Você é pecador. Toda a humanidade é pecadora. Cada um, dentro de sua realidade, comete pecados graves todos os dias. Como devemos lidar com isso? Qual a grande solução para o nosso erro, a porta de saída? Salomão nos dá a resposta no livro de Provérbios: deixar o pecado e confessá-lo a Deus.

O processo de confissão pode ser absurdamente doloroso, mas é fundamental. Confesse a Deus. E faça isso sabendo que pode ser vergonhoso e avassalador — mas libertador. Exige muita coragem e apenas no poder do Espírito Santo é possível. Ainda assim humilhe-se e exponha tudo ao Pai Celestial, sem meias palavras.

Lembre-se de Pedro. Carcomido pela culpa após ter negado Jesus, ele é perdoado pelo Mestre, de quem ouve: "Cuide das minhas ovelhas" (Jo 21.17). Essa é uma passagem bíblica maravilhosa, uma das mais significativas sobre o processo de perdão e restauração de alguém que pecou:

> Depois de comerem, Jesus perguntou a Simão Pedro: "Simão, filho de João, você me ama mais do que estes?" Disse ele: "Sim, Senhor, tu sabes que te amo". Disse Jesus: "Cuide dos meus cordeiros". Novamente Jesus disse: "Simão, filho de João, você me ama?" Ele respondeu: "Sim, Senhor, tu sabes que te amo".

Disse Jesus: "Pastoreie as minhas ovelhas". Pela terceira vez, ele lhe disse: "Simão, filho de João, você me ama?" Pedro ficou magoado por Jesus lhe ter perguntado pela terceira vez "Você me ama?" e lhe disse: "Senhor, tu sabes todas as coisas e sabes que te amo". Disse-lhe Jesus: "Cuide das minhas ovelhas". [...] E então lhe disse: "Siga-me!".

João 21.15-17,19

Sim, o homem que negou o Cristo, que virou as costas ao amigo, que ultrajou o próprio Deus... estava totalmente perdoado.

E mais, Pedro é chamado para fazer o que todos devemos após nossa restauração: continuar exatamente do ponto onde caímos, realizando o que Deus nos chamou para fazer e desempenhando o ministério de Cristo para abençoar sua Igreja. E não se deixe convencer pela ideia equivocada de que você se tornou inútil para Deus — esse é um pensamento diabólico. Mesmo tendo pecado, não pare de pregar contra o pecado. Qualquer pensamento ou pessoa que disser que você não pode pregar contra o pecado porque pecou é influenciado pelo Diabo, o único que continua a acusá-lo. Deus já apagou todas as suas transgressões.

Não há condenação para o perdoado

Portanto, agora já não há condenação para os que estão em Cristo Jesus.

Romanos 8.1

Quando você peca e as pessoas tomam conhecimento, automaticamente seu nome deixa de existir. Parece que a sociedade cristã estampa com ferro em brasa em sua testa um novo nome: PECADOR.

Quando o Cordeiro de Deus que tira o pecado do mundo perdoa você, toda acusação é eliminada dos autos. É possível afirmar isso porque você e Deus sabem de seu arrependimento sincero, ao qual o Espírito Santo o conduziu. E, se o fez, não foi para que vivesse se lamuriando ou se atormentando por ter pecado.

Ele chamou você à razão para lhe estender o perdão e dar continuidade ao plano que tinha para sua vida e do qual você se desviou por algum tempo. Agora você está totalmente limpo de qualquer mancha, como a Bíblia afirma.

Não é necessário aceitar a acusação. Não é necessário expor seu pecado na vitrine. A natureza humana pode levar as pessoas a ferir você e sua família ainda mais, além de outros envolvidos. Não há espaço para acusação, pois todo o espaço foi ocupado pela redenção. Foi para isso que o Filho de Deus se fez carne, habitou entre nós, entregou-se à cruz e ressuscitou. Ele não veio para os que têm saúde, mas para os doentes. Veio para libertar os cativos. Veio para curar almas, muito mais que corpos. Veio para redimir. Veio para acabar com as acusações e tornar-se nosso intercessor junto ao Pai.

E essa verdade não se refere somente aos que nunca o conheceram e vieram a se converter, mas sim aos que o conheceram, se deixaram enredar nas astutas ciladas do Diabo e vivenciaram a queda. Pois é a cristãos que o apóstolo João se dirige ao afirmar: "Meus filhinhos, escrevo-lhes estas coisas para que vocês não pequem. Se, porém, alguém pecar, temos um intercessor junto ao Pai, Jesus Cristo, o Justo" (1Jo 2.1).

Deus não é um carrasco: é um Pai amoroso. Há esperança para o pecador. Mais que isso: há 101% de perdão para ele, se seu arrependimento for sincero. E tenha esta segurança: o PECADOR antes estampado em sua testa, após o arrependimento, a confissão e a disposição em abandonar o pecado, é substituído por PERDOADO PELO SANGUE DE CRISTO. E nenhuma condenação há para quem foi alcançado pela graça, convencido de seu pecado e transformado pelo amor e a misericórdia de Deus.

Jesus não abre mão de você

Todo aquele que o Pai me der virá a mim, e quem vier a mim eu jamais rejeitarei.

João 6.37

Em geral, quando uma pessoa sincera diante de Deus peca, ela cedo ou tarde cairá em si. O Espírito Santo sabe quem pertence a Cristo e fará o que for necessário para que o pecador se lembre disso. Jesus nunca se esquece dos seus. Mas os seus podem esquecer por muito tempo que são de Jesus.

Já ouvi alguém dizer que nossa natureza pecaminosa é como "lobos que uivam no seu peito". E os uivos são sons tão altos que têm a capacidade de impedir por anos o pecador de ouvir a voz que o chama ao arrependimento. A graça de Cristo, porém, é capaz de silenciar os uivos, e então você poderá ouvir o som de alguém batendo à porta. É o mesmo som que se fez ouvir pelos crentes da igreja de Laodiceia, ainda na época da igreja primitiva:

Repreendo e disciplino aqueles que eu amo. Por isso, seja diligente e arrependa-se. Eis que estou à porta e bato. Se alguém ouvir a minha voz e abrir a porta, entrarei e cearei com ele, e ele comigo. Ao vencedor darei o direito de sentar-se comigo em meu trono, assim como eu também venci e sentei-me com meu Pai em seu trono. Aquele que tem ouvidos ouça o que o Espírito diz às igrejas.

Apocalipse 3.19-22

Ao contrário do que muitos pensam, a porta em que Jesus bate nessa passagem não se refere a incrédulos no que concerne à salvação. O contexto explicita que se refere a filhos de Deus em pecado, os quais o Senhor deseja trazer ao arrependimento — nem que seja por meio da disciplina.

E por uma única razão: o Cordeiro de Deus, que veio tirar o pecado do mundo, ama os seus. E se eles se afastam do caminho da graça, o Deus que concede a graça os chamará até que eles destranquem a fechadura do coração, para que o Mestre volte a ali habitar.

Então, de dentro do lamaçal do pecado você ouvirá as batidas de Jesus à porta do seu coração. Quando isso acontecer, vire a chave e a abra. É uma ação que terá maravilhosas consequências eternas.

Ninguém fica para trás

Bem-aventurados os misericordiosos, pois obterão miseri-córdia.

Mateus 5.7

Um dos lemas informais das Forças Armadas é "ninguém fica para trás". Se numa batalha no *front* um soldado é ferido, seus companheiros muitas vezes põem a vida em risco para resgatá-lo da zona de combate. Por mais triste que seja, um conhecido pastor que cometeu adultério falou com conhecimento de causa que a igreja é "o único exército que enterra seus feridos".

Isso é deprimente e incômodo. Mas é um alerta para cada um de nós: jamais devemos deixar o pecador para trás. Nosso papel é enfrentar os riscos e os perigos para resgatá-lo, tratá-lo e ajudá-lo a voltar à ativa.

Esse abandono gerou recentemente um fenômeno que tem crescido no Brasil: o dos *desigrejados*. Escrevi a respeito deles num artigo para a revista *Cristianismo Hoje*:

[São] cristãos que abandonam o convívio das igrejas locais e decidem exercer sua religiosidade em modelos alternativos — ou, então, simplesmente rejeitam qualquer estrutura congregacional e passam a viver um relacionamento solitário com Deus [...] No cerne desse fenômeno está um sentimento-chave: decepção. Em geral, aqueles que abandonam os formatos tradicionais ou que se exilam da convivência eclesiástica tomam tal decisão movidos por um sentimento de decepção com algo ou alguém. Muitos se protegem atrás da segurança dos computadores, em relacionamentos virtuais com sacerdotes, conselheiros ou simples irmãos na fé que se tornam companheiros de jornada.".[3]

A verdade é que muitos de nós parecem ter se esquecido de importantes mandamentos de Cristo. Olhe ao redor. Olhe para toda a sua trajetória com Deus. Agora responda: Quantas vezes você viu alguém amar um inimigo? Ou fazer bem a quem o maltrata? Quem você conhece entre o povo de Deus que ofereceu de fato a outra face? Diga o nome de alguém que fez o bem a um adversário. Você poderia realmente dizer que as pessoas do seu círculo de relacionamentos são misericordiosas? E quantos julgam, condenam e perdoam? Já pensou? Permita-me agora perguntar: E você?

Responder a essas perguntas provavelmente exigirá um grande esforço de memória, pois reconhecemos que são atitudes raríssimas entre nós. E isso é muito problemático, pois demonstra que não estamos nos encaixando no perfil que Jesus modelou para seus filhos. Portanto, se desejamos ser como Cristo ensinou, precisamos resgatar com urgência a noção de que o nosso papel é ajudar a levantar o caído e não deixá-lo ainda pior.

Existe um nome para isso: misericórdia. Agir movidos pelo amor, de acordo com o que Jesus disse que é certo, e não pelo que nossa justiça diz que é certo. E, se formos misericordiosos, seremos bem-aventurados, felizes.

Ou seja, o perdão é um dos caminhos para a felicidade.

[3] "Decepcionados com a Igreja", *Cristianismo Hoje*, 9 de nov. de 2011. Disponível em <http://www.cristianismohoje.com.br/materias/especial/decepcionados-com-a-igreja>. Acesso em 12 de mai. de 2014.

Existe vida após a queda

Davi, percebendo que seus conselheiros cochichavam entre si, compreendeu que a criança estava morta e perguntou: "A criança morreu?" "Sim, morreu", responderam eles. Então Davi levantou-se do chão, lavou-se, perfumou-se e trocou de roupa. Depois entrou no santuário do Senhor e o adorou. E, voltando ao palácio, pediu que lhe preparassem uma refeição e comeu.

2Samuel 12.19-20

Todo comportamento reprovável gera perdas. O rei Davi perdeu seu filho, apesar de sua contrição e humilhação perante o Senhor pelo adultério e pelo homicídio que cometeu. Cicatrizes permanecem para sempre na forma de lembranças, pois pecados geram consequências. Tiram de você coisas que lhe são preciosas.

Sim, Deus perdoa. Sim, há consequências. Mas o mais importante é o que acontece depois.

Após o arrependimento, a confissão e a restauração, importa seguir em frente. Continuar com o culto e o serviço a Deus, fortalecer-se e marchar adiante. Usar o aprendizado para abençoar vidas, consolando-as ou exortando-as. Há muito a ser feito. Não permita que a lembrança do pecado o deixe estagnado. Isso só quem deseja é o Diabo. Deus quer que continuemos a pregar o evangelho, fazer discípulos e edificar vidas. Se você pecou de modo considerado terrível e se arrependeu verdadeiramente, nunca deixe que lhe digam que você é inútil para Deus. Isso é uma mentira.

Um cristão autêntico que pecou e se arrependeu passará por um período de luto. Tristeza. Prostração. Ataques certamente lhe virão à mente para fazê-lo acreditar que Deus não o perdoou, que agora é um cristão de segunda classe, que nunca mais poderá fazer nada de bom. Em outras palavras, que o Cordeiro de Deus, que veio tirar os pecados do mundo, não tirou o seu pecado. E, com isso, torná-lo um soldado inutilizado nas fileiras do exército do Senhor.

Mas tudo não passa de dardos inflamados do Maligno. Conte dia após dia com Jesus, o seu intercessor, cujo objetivo é sempre a restauração. E Deus apontará os caminhos para o futuro.

O Senhor pode transformar um terrível erro em algo maravilhoso. Nunca se esqueça de que foi da descendência do rei Davi com Bate-Seba, a mulher com quem adulterou e cujo marido assassinou, que nasceu Salomão. E, como relata Mateus na genealogia de Jesus, foi por essa linhagem que nasceu José, pai adotivo do Salvador do mundo (Mt 1.1-17). Sim, Deus transformou o pecado de um homem na semente do que seria a maior bênção da história da humanidade: a encarnação da Palavra, a raiz de Davi. Pois onde aumentou o pecado, transbordou a graça (Rm 5.20).

Resumo

Existem muitos pecados. Mas todos, sem exceção, representam desobediência a Deus e, portanto, geram morte espiritual. Não existe em essência um pecado maior que o outro. Todavia, nós, cristãos, criamos em nossa cultura a visão de que existem classes e classes de pecados, esquecendo que, se o adultério e o assassinato são odiosos e infernais, a glutonaria, a inveja, o ódio e a ira também são. Sobre esses pecados, aos quais não costumamos dar muita importância, Paulo declara: "Aqueles que praticam essas coisas não herdarão o Reino de Deus" (Gl 5.21). Logo, todos os pecados carregam em si as mesmas consequências no mundo espiritual. A Bíblia só abre uma exceção: a blasfêmia contra o Espírito Santo. Esse é considerado um pecado à parte dos demais, por não obter perdão quem o comete.

Paulo diz em 1Coríntios 3.1-3 ser possível que homens sinceros em sua piedade e devotos ao Senhor pequem, nos momentos em que sua natureza carnal torna-se mais forte. Isso é consequência do fato de sermos vasos de barro, falhos, pecaminosos, humanos. Apesar disso, é possível carregarmos em nós o tesouro do evangelho.

O amor ao próximo é a maior forma de glorificar a Deus. Nesse sentido, precisamos amar aqueles que, assim como nós, pecaram, mesmo porque o pior dos pecadores pode se tornar um grande homem de Deus — desde que reconheça seu erro, o primeiro passo para se obter o perdão divino.

O processo de reconhecimento dos próprios erros é doloroso e pode gerar um grande sentimento de culpa, mas, pela ótica bíblica, a culpa tem o potencial de ser extremamente construtiva, além de gerar a "tristeza segundo Deus". Esse tipo de tristeza, diz Paulo, num primeiro instante abate, mas num segundo momento traz consequências maravilhosas para a alma humana.

Se, de um lado, está o indivíduo que errou, reconheceu seu erro e obteve o perdão, do outro estão pessoas que foram magoadas por pecados cometidos por terceiros e que necessariamente precisam perdoar se quiserem se encaixar no padrão bíblico. E isso é uma decisão que não depende de sentir vontade, mas de saber o que é certo aos olhos de Cristo.

Para alcançar o perdão, o pecador deve ser totalmente transparente e não esconder de Deus quem ele realmente é e o que fez — ou faz. Assim, ele se desnuda diante do Senhor e confessa seu pecado, alcançando com isso a misericórdia divina. Uma das grandes certezas que precisa ter a pessoa que pecou e se arrependeu ou o indivíduo que não consegue perdoar alguém é que a Bíblia afirma que não há nenhuma condenação para quem está em Cristo. E se Jesus não condena, que direito temos nós de fazê-lo?

Com efeito, Jesus não abre mão do pecador. Ele quer o perdão e a reconciliação. Lamentavelmente, muitos — mesmo cristãos — não estendem perdão ao pecador arrependido, esquecendo que, pela Bíblia, é tão culpável quanto ele: "Pois quem obedece a toda a Lei, mas tropeça em apenas um ponto, torna-se culpado de quebrá-la inteiramente" (Tg 2.10).

E, para o cristão que pecou, se arrependeu e foi restaurado, é importante ter a convicção de que há muita vida pela frente. Ele não chegou ao ponto final. E ele ainda pode ser muito feliz e útil para o reino de Deus e para o seu próximo.

2
A natureza de Deus

Por que Deus me ama? A Bíblia responde a essa profunda questão com uma palavra incomparável: graça. Deus ama em razão do que ele é, não que eu tenha feito algo por merecer. Deus não pode deixar de amar. Pois o amor define sua natureza.

PHILIP YANCEY

Deus é amor

Quem não ama não conhece a Deus, porque Deus é amor.

1João 4.8

Deus é repleto de um amor tão profundo que a mente e o coração do homem são incapazes de alcançar. O apóstolo Paulo, um dos tantos que experimentaram o amor de Deus, fez questão de deixar isso bem claro aos cristãos de Éfeso:

> Oro para que, estando arraigados e alicerçados em amor, vocês possam, juntamente com todos os santos, compreender a largura, o comprimento, a altura e a profundidade, e conhecer o amor de Cristo que excede todo conhecimento, para que vocês sejam cheios de toda a plenitude de Deus.

Efésios 3.17-19

Você consegue entender o que é um amor que excede todo entendimento? Não, impossível. Pois se ele está além da capacidade de o compreendermos, é... incompreensível! Isso significa que, por mais que nos esforcemos e usemos a razão para tentar explicar o amor de Deus, jamais conseguiremos. Não adianta. É inútil. Você consegue entender como um só Deus é três, não teve começo nem terá fim e não vive dentro da dimensão cronológica do tempo? Não. Pode ter uma vaga ideia, mas em vida nunca alcançará plenamente essa realidade. O amor dele é igual: excede todo entendimento. É inexplicável, incompreensível, impossível de descrever em palavras.

Mais que isso, o Filho não só traz esse amor incompreensível em seu coração, como é, ele próprio, a expressão máxima do amor do Pai por nós, bem como um estímulo vivo para que exerçamos esse amor:

> Amados, amemos uns aos outros, pois o amor procede de Deus. Aquele que ama é nascido de Deus e conhece a Deus. Quem não ama não conhece a Deus, porque Deus é amor. Foi assim que Deus manifestou o seu amor entre nós: enviou o seu Filho Unigênito ao mundo, para que pudéssemos viver por meio dele.
>
> 1João 4.7-9

Esse amor tão superior à nossa capacidade de entendimento se traduz em misericórdia e graça. O autor de Hebreus nos lembra que devemos nos aproximar do trono da graça com toda a confiança, a fim de "recebermos misericórdia e encontrarmos graça que nos ajude no momento da necessidade" (Hb 4.16).

O fato de que Deus é amor é uma garantia para cada um de nós. Garantia de que podemos ser alcançados por sua graça. Garantia de que seremos alvo de sua misericórdia e compaixão. Garantia de que teremos seu perdão. Pois esses atributos estão intimamente ligados e conectados. Quem tem um deles tem todos. E Deus não só os tem: ele é.

Deus é bom

Juro pela minha vida, palavra do Soberano, o Senhor, que não tenho prazer na morte dos ímpios, antes tenho prazer em que eles se desviem dos seus caminhos e vivam.

Ezequiel 33.11

A bondade do Senhor precisa ser compreendida, assimilada e vivida por todo cristão, em especial para que o perdão divino seja percebido e recebido em toda a sua magnitude. Muitos se esquecem desse fato aparentemente óbvio: Deus é bom. Têm conhecimento disso e creem nessa realidade, mas não conseguem vivê-la. Portanto, é fundamental conhecer a fundo as passagens bíblicas que afirmam isso, a fim de que a crença nessa verdade torne-se sólida e inabalável em nós.

Materializar em sua vida o fato de que Deus é bom e que Jesus se fez um de nós para nos perdoar é como um trilho. Sem ele, é impossível que o cristão que pecou e se arrependeu siga rumo à plena consciência do perdão que lhe foi estendido e à vida em amor, paz e piedade com os demais cristãos.

Deus é bom. O Pai é bom. Jesus é bom. O Espírito Santo é bom.

Davi, homem que experimentou em mais de uma circunstância o perdão divino após ter cometido pecados que tiveram consequências terríveis, falou repetidas vezes sobre a bondade de Deus no livro de Salmos: "Provem, e vejam como o Senhor é bom. Como é feliz o homem que nele se refugia!" (34.8); "Tu és bondoso e perdoador, Senhor, rico em graça com todos os que te invocam" (86.5); "O Senhor é bom para todos; a sua compaixão alcança todas as suas criaturas" (145.9);

"O SENHOR é fiel em todas as suas promessas e é bondoso em tudo o que faz. O SENHOR ampara todos os que caem e levanta todos os que estão prostrados. Os olhos de todos estão voltados para ti" (v. 13-15); "O SENHOR é justo em todos os seus caminhos e é bondoso em tudo o que faz" (v. 17).

A bondade do Senhor é explicitamente destacada em outras partes do Antigo Testamento ("O SENHOR é bom, um refúgio em tempos de angústia" [Na 1.7]) e também do Novo Testamento. Pedro, o homem que negou Jesus três vezes e recebeu o perdão divino, compartilhou essa realidade: "Como crianças recém-nascidas, desejem de coração o leite espiritual puro, para que por meio dele cresçam para a salvação, agora que provaram que o Senhor é bom" (1Pe 2.2-3).

Muitos, no entanto, formam em sua mente uma imagem não do Deus que é amor, mas de um carrasco celestial. Em parte isso é influência da visão de um Senhor castigador e irado, fruto de uma má compreensão de suas ações no Antigo Testamento.

Também resulta da imagem do legislador que impõe lei em cima de lei sobre as costas de seus filhos, uma divindade mais interessada em fiscalizar cada piscada de olho, caderninho em mãos para anotar o menor deslize, do que um Deus compassivo que usa a disciplina como expressão de amor e afeto pela humanidade. "Repreendo e disciplino aqueles que eu amo" (Ap 3.19), explica o Senhor.

Deus é bom. Deus é misericordioso. Deus é gracioso. O amor de Deus dura para sempre. Por tudo isso, Deus sente prazer em perdoar.

Deus é nosso Pai

Se vocês, apesar de serem maus, sabem dar boas coisas aos seus filhos, quanto mais o Pai de vocês, que está nos céus, dará coisas boas aos que lhe pedirem!

MATEUS 7.11

Deus Pai não é o carrasco que se pinta em alguns meios, salivando por castigar quem passa pela frente e ansioso por mandar almas para o inferno. Pelo contrário, a primeira pessoa da Trindade é a essência da mais pura bondade.

O Pai tem prazer em seus filhos e em lhes fazer o bem. A maior prova disso é que, por sua justiça, ele poderia deixar toda a humanidade arder pela eternidade no castigo sem fim — e ninguém poderia condená-lo, pois estaríamos recebendo justa punição pela desobediência. Em vez disso, porém, "tanto amou o mundo que deu o seu Filho Unigênito, para que todo o que nele crer não pereça, mas tenha a vida eterna" (Jo 3.16).

Tiago enfatiza em sua carta a importância das ações e atitudes decorrentes da fé. Ele nos lembra que "toda boa dádiva e todo dom perfeito vêm do alto, descendo do Pai das luzes, que não muda como sombras inconstantes" (Tg 1.17). Como poderia toda dádiva *boa* vir de uma fonte má? Não faria sentido.

O próprio Tiago pergunta: "Acaso podem sair água doce e água amarga da mesma fonte? Meus irmãos, pode uma figueira produzir azeitonas ou uma videira, figos? Da mesma forma, uma fonte de água salgada não pode produzir água doce" (Tg 3.11-12). Assim, é impossível supor que bondade e perfeição brotem de uma fonte que não seja plenamente boa e perfeita. No caso, o Pai.

O próprio Jesus afirma a bondade de Deus ao lembrar que ninguém é bom a não ser o Pai (Lc 18.19). E mesmo no Antigo Testamento isso é patente. O rei Davi diz que louva o nome do Pai porque ele é bom (Sl 54.6). E, em Neemias, essa verdade é registrada para acabar com qualquer crença contrária: "Graças, porém, à tua grande misericórdia, não os destruíste nem os abandonaste, pois és Deus bondoso e misericordioso" (Ne 9.31).

Sim, o Pai é bom. E isso é garantia de seu perdão. Pois perdoar é uma atitude que tem sua fonte na bondade.

O Pai é misericordioso

Pois Deus colocou todos sob a desobediência, para exercer misericórdia para com todos.

ROMANOS 11.32

A misericórdia de Deus é um fato afirmado e reafirmado na Bíblia. Ele é misericordioso. Ele é compassivo. Ele não se alegra em castigar. Ele ama perdoar, pois misericórdia é justamente tratar alguém de maneira não merecida. É ignorar o erro e agir como se a pessoa nunca tivesse pecado. Passar a borracha. Zerar tudo.

Saber que Deus é rico em misericórdia ajuda a eliminar a imagem do carrasco de chicote em punho que muitos podem ter a partir do Antigo Testamento. O caráter misericordioso do Pai está listado em muitas passagens das Escrituras:

SENHOR, SENHOR, Deus compassivo e misericordioso, paciente, cheio de amor e de fidelidade, que mantém o seu amor a milhares e perdoa a maldade, a rebelião e o pecado.

Êxodo 34.6–7

Pois o SENHOR, o seu Deus, é Deus misericordioso; ele não os abandonará, nem os destruirá.

Deuteronômio 4.31

Mas tu, Senhor, és Deus compassivo e misericordioso, muito paciente, rico em amor e em fidelidade.

Salmos 86.15

O SENHOR é misericordioso e justo; o nosso Deus é compassivo.

Salmos 116.5

Voltem-se para o SENHOR, o seu Deus, pois ele é misericordioso e compassivo, muito paciente e cheio de amor; arrepende-se, e não envia a desgraça.

Joel 2.13

O Senhor é cheio de compaixão e misericórdia.

Tiago 5.11

A graça, a misericórdia e a paz da parte de Deus Pai e de Jesus Cristo, seu Filho, estarão conosco em verdade e em amor.

2João 3

Mergulhar nessas afirmações bíblicas nos ajuda a sorver a verdade sobre o caráter do Pai. Saber que ele é bom e misericordioso já é meio caminho andado para obter a certeza de que seu desejo é sempre perdoar. Tudo o que ele precisa é de um coração arrependido como solo fértil para semear sua bondade e misericórdia.

A graça do Pai gera sua misericórdia perdoadora

O Senhor nosso Deus é misericordioso e perdoador, apesar de termos sido rebeldes.

DANIEL 9.9

Ouvimos tanto falar de *graça,* mas muitos de nós não entendem toda a profundidade desse conceito. Graça é simplesmente Deus estendendo a mão para resgatar quem não merece. A graça salva o pecador mediante a fé em Cristo Jesus como Senhor e Salvador de sua vida pelo sacrifício do Cordeiro na cruz e sua posterior ressurreição dos mortos. Nada tem a ver com méritos pessoais. Não depende de obras, para que ninguém se glorie (Ef 2.8-9).

Graça é o Pai amando tanto o pecador que envia o Filho para se esvaziar de sua glória celestial, encarnar como um de nós e dar a vida em resgate de muitos. E aquele que foi justificado e regenerado naturalmente passa a confessá-lo e, assim, ganha o direito, como filho adotivo, de viver a eternidade na presença do Todo-poderoso.

Logo, graça é algo que independe de quem somos ou do que fazemos. Depende de quem Deus é do que ele faz. Depende de Deus falar ao nosso coração que somos pecadores, que precisamos nos submeter à justiça e que, se não o fizermos, haverá um juízo.

A graça é como a locomotiva que move as ações de Deus. Seu combustível é o amor ágape do Senhor. E, enganchado à locomotiva da graça, vem o vagão da misericórdia divina.

Os dicionários definem *misericórdia* como "compaixão solícita pela desgraça alheia", "comiseração", "piedade", "perdão".

Isso necessariamente se materializa na forma de um segundo vagão: o perdão dos pecados. Assim:

Graça > Misericórdia > Perdão

O profeta Isaías fez questão de afirmar: "Que o ímpio abandone o seu caminho, e o homem mau, os seus pensamentos. Volte-se ele para o SENHOR, que terá misericórdia dele; volte-se para o nosso Deus, pois ele dá de bom grado o seu perdão" (Is 55.7).

Deus exerce sua sabedoria como demonstração de todos os vagões que, juntos, formam o trem da natureza divina: pureza, paz, amabilidade, compreensão, misericórdia, bons frutos, imparcialidade e sinceridade, entre outros (Tg 3.17). Você imagina um trem composto de todas essas qualidades sendo conduzido por alguém que tenha sede de sangue e punição ou por alguém que tem prazer infinito em perdoar?

Creia nisso: O Pai é bom. O Pai é gracioso. O Pai é misericordioso. O Pai perdoa.

O Filho é bom

Depois Jesus lhes perguntou: "O que é permitido fazer no sábado: o bem ou o mal, salvar a vida ou matar?" Mas eles permaneceram em silêncio. Irado, olhou para os que estavam à sua volta e, profundamente entristecido por causa do coração endurecido deles, disse ao homem: "Estenda a mão". Ele a estendeu, e ela foi restaurada.

MARCOS 3.4-5

Pessoas boas não apenas se alegram na presença da bondade. Elas se entristecem diante da maldade.

Jesus está numa sinagoga quando encontra um homem com uma das mãos atrofiada. Ao seu redor, teólogos com o mestrado e o doutorado da época procuram um motivo para acusá-lo e, por isso, o observam atentamente. Querem ver se ele vai curar no sábado. Jesus diz ao homem da mão atrofiada: "Levante-se e venha para o meio" (Mc 3.3). Em seguida, realiza a cura que você acabou de ler.

Muitos falam da ira do Filho de Deus contra os fariseus hipócritas e outros judeus legalistas que o perseguiam, mas não percebem que, tendo coração sacrificial, a ira de Jesus era muito mais fruto de sua tristeza pela dureza do coração deles do que uma espécie de "ódio divino" por falta de bondade.

O episódio da ressurreição de seu amigo Lázaro é emblemático. Lembre-se: Jesus é Deus. Ele participou da criação do mundo. Ele sabe quando cada pessoa vai nascer e morrer e tem plena certeza de que a morte do justo alegra o coração de Deus. Mais importante, Jesus conhece o que vem após a morte e não tem as dúvidas e os medos que nós, que nunca passamos por ela, sentimos. Então, assim que chega à casa da família de seu amigo, uma das irmãs do morto, Maria, se prostra a seus pés e chora, junto com os outros que a acompanhavam.

Contra toda a lógica, a Bíblia diz: "Jesus agitou-se no espírito e perturbou-se". Em seguida, profundamente comovido, ele "chorou". (Jo 11.33,35).

Como se explica isso? Jesus sabia onde Lázaro estava e que estava bem. Jesus sabia tudo. A morte, para ele, não tinha o mesmo significado que para nós. E, apesar disso, ele se agita no espírito, se comove e chora. Pela morte de Lázaro? Não. Pela tristeza dos que ali estavam. A bondade de Cristo é tanta que ele se deixa tocar profundamente pela dor e sofrimento das pessoas. E chora em empatia com elas. Só alguém de coração muito bondoso seria capaz disso. E Jesus é a bondade encarnada.

O Filho é misericordioso

Quando Jesus saiu do barco e viu uma grande multidão, teve compaixão deles, porque eram como ovelhas sem pastor. Então começou a ensinar-lhes muitas coisas.

Marcos 6.34

Compaixão é sinônimo de *misericórdia*. Assim como o Pai é bom, misericordioso, compassivo e se agrada em perdoar e salvar, o Filho também é. E não poderia ser diferente, pois Jesus tem a mesma essência do Pai. Ele é "o resplendor da glória de Deus e a expressão exata do seu ser" (Hb 1.3), além de ser "a imagem do Deus invisível" (Cl 1.15). A compaixão é o alicerce de suas ações, a ponto de as Escrituras mostrarem em diversas passagens quanto Jesus demonstrou misericórdia em seus anos de ministério.

Os relatos de curas são uma das maiores provas de que o coração do Filho transborda compaixão. Mais que curar para provar ser o Cristo, Jesus operou muitos milagres simplesmente porque seu coração compassivo o impeliu a praticar o bem pelos que sofriam.

Mateus escreveu: "Quando Jesus saiu do barco e viu tão grande multidão, teve compaixão deles e curou os seus doentes" (Mt 14.14). O mesmo se vê no caso dos dois cegos sentados à beira do caminho que, ao ouvirem falar que Jesus estava passando, começam a gritar: "Senhor, Filho de Davi, tem misericórdia de nós!". A multidão manda que fiquem quietos, mas eles gritam ainda mais alto: "Senhor, Filho de Davi, tem misericórdia de nós!" (Mt 20.29-34)

Aqueles gritos incomodam os discípulos, mas tocam num ponto delicado do Espírito de Jesus, o ponto chamado *compaixão*. Ao contrário dos que o cercavam, ele se detém, chama os dois e lhes pergunta: "O que vocês querem que eu lhes faça?" (Mt 20.32). Quando pedem que lhes abra os olhos, a Bíblia deixa claro o motivo que o levou a atender o pedido deles. Não foi fé. Não foi para provar alguma coisa. Não foi para impressionar os demais. Foi simplesmente misericórdia: "Jesus teve compaixão deles e tocou nos olhos deles. Imediatamente eles recuperaram a visão e o seguiram" (Mt 20.34).

A misericórdia de Cristo também alcançou leprosos. Marcos relata que um leproso aproxima-se dele e suplica-lhe de joelhos pela cura. Jesus poderia pensar: "É isso mesmo, eu sou Deus, mereço ser adorado de joelhos". Mas não. Aquele que se rebaixou à forma de servo, "cheio de compaixão", estende a mão, toca no leproso e diz: "Quero. Seja purificado!" (Mc 1.40-42). A cura é instantânea. A compaixão de Cristo é instantânea ao ver os que sofrem. Ela não demora para brotar; manifesta-se à velocidade da luz.

A misericórdia do Filho o levava a desafiar as leis da vida. Lucas mostra que, ao ver o enterro do filho único de uma viúva, sem que lhe seja pedido nada, o "Senhor se compadeceu dela e disse: 'Não chore'" (Lc 7.13). Em seguida, ordenou ao defunto que se levantasse. Para espanto geral, o jovem ergueu-se, sentou-se e começou a conversar.

Sim, o Filho era cheio de compaixão e continua sendo hoje. Porque ele é bom e misericordioso. E pessoas boas e misericordiosas são as que mais perdoam.

O Espírito Santo é bom

Foi por tua grande compaixão que não os abandonaste no deserto. De dia a nuvem não deixava de guiá-los em seu caminho, nem de noite a coluna de fogo deixava de brilhar sobre o caminho que deviam percorrer. Deste o teu bom Espírito para instruí-los.

Neemias 9.19-20

Apesar de a Bíblia falar menos sobre a terceira pessoa da Trindade que sobre o Pai e o Filho, deixa evidente que o Espírito Santo carrega em si a mesma bondade do Pai e do Filho. Ele é o "bom Espírito" a que se refere Neemias.

A bondade do Espírito Santo fica patente quando lemos as virtudes do fruto que ele faz brotar naqueles em quem habita: amor, alegria, paz, paciência, amabilidade, fidelidade, mansidão, domínio próprio e... bondade (Gl 5.22,23).

Note uma coisa. Se esse é o fruto que o Espírito gera nas pessoas chamadas por ele à salvação, é o próprio Espírito quem faz brotar esse fruto. É como se ele fosse a árvore que transporta até seus ramos — que somos nós — a seiva responsável por fornecer todos os componentes que fazem parte do seu fruto. A água vem do Espírito. Os nutrientes vêm do Espírito. A polpa vem do Espírito. A casca vem do Espírito. As sementes vêm do Espírito. E só quem tem tudo isso é capaz de fornecê-lo aos demais.

Paulo usa essa metáfora com sabedoria, logo após listar as obras da carne, que estão em oposição direta à ação divina. Portanto, se nós, meros mortais pecadores, conseguimos manifestar as virtudes da bondade, do amor e da mansidão, dentre outras, é impossível cogitar que aquele que nos dá a seiva da bondade não a carrega, ele próprio, em si. Sim, o Espírito Santo é bom.

Davi reconheceu essa verdade: "Ensina-me a fazer a tua vontade, pois tu és o meu Deus; que o teu bondoso Espírito me conduza por terreno plano" (Sl 143.10). O bondoso Espírito Santo oferece vida e paz e dissemina justiça e alegria.

Que essa certeza nunca abandone nosso coração. Aquele que nos convence do pecado, da justiça e do juízo faz isso como expressão de sua bondade. Que sentido faria ele nos convencer do pecado se não quisesse nos estender perdão? Se você é tocado pelo bom Espírito acerca dos pecados que comete, tenha a convicção de que ele o faz para que você seja perdoado.

A bondade divina é garantia de perdão

> Tu és um Deus perdoador, um Deus bondoso e misericordioso, muito paciente e cheio de amor.
>
> NEEMIAS 9.17

Deus é um e três. Deus é Pai, Filho e Espírito Santo. Uma só essência, uma só mente, um só coração, os mesmos atributos. Pai, Filho e Espírito são amorosos. Pai, Filho e Espírito são bondosos. Pai, Filho e Espírito são misericordiosos. Portanto, Pai, Filho e Espírito são perdoadores. O perdão transborda de Deus, como um manancial de águas que brota para saciar a sede de alma daqueles que se arrependem de seus pecados. Flui continuamente, sem interrupção, para todo aquele que ouve Jesus chamar: "Se alguém tem sede, venha a mim e beba" (Jo 7.37).

Devemos sempre carregar essa certeza conosco. O Deus a quem servimos perdoa nossos pecados de bom grado. Ele gosta de estender perdão, deseja isso, sente prazer em nos purificar e nos restaurar à comunhão com o céu.

Uma análise criteriosa das Escrituras, tanto do Antigo quanto do Novo Testamento, mostra que Deus não se alegra em punir nem em nos deixar cabisbaixos e deprimidos porque pecamos. Ele é movido pela mais íntima compaixão. A mesma compaixão que fez Jesus curar cegos e leprosos e ressuscitar os mortos faz que hoje ele nos cure de nossa maldade e nos ressuscite da morte espiritual causada pelo pecado.

A bondade de Deus possibilita que ele seja justiça e fogo consumidor, ao mesmo tempo que é amor, bondade e perdão.

Se a imagem em sua mente é a de um Deus odioso, raivoso e vingativo, tente substitui-la pela imagem do Deus que é amor — e, portanto, bom. Todo o restante é consequência dessa verdade. Tudo o mais é expressão dessa realidade.

Pai, Filho e Espírito Santo são misericordiosos, compassivos, pacíficos, pacientes, mansos, amáveis, fiéis, ricos em graça, piedosos e, portanto, perdoadores. Seria impossível e contraditório um indivíduo completa e essencialmente bom recusar-se a perdoar. Logo, o cristão que deixou a carne falar mais alto por um tempo e tornou-se pecador, mas veio ao arrependimento, pode ter a certeza: não está sujeito a um Senhor maligno e desejoso da eterna autocomiseração de seus filhos.

Até porque o simples processo de um cristão arrepender-se, confessar o pecado e abandoná-lo já é resultado do fato de Deus ser bom: por sua bondade, o Espírito Santo convence o indivíduo do pecado, ação sem a qual não haveria arrependimento. E, por sua bondade, nosso advogado, o Filho, intercede por nós junto ao Pai. Assim, a segunda e a terceira pessoas da Trindade manifestaram sua bondade na restauração do cristão que pecou. A conclusão evidente é que o Pai seguirá no mesmo caminho e, por sua bondade, desempenhará seu papel nesse processo: perdoará.

E esta é a grande conclusão: a bondade de Deus nos garante que, se houve arrependimento sincero e confissão do pecado, o cristão que pecou pode ter certeza de que o Pai o perdoou. É biblicamente garantido: Deus perdoou e se esqueceu de seu erro. Fique em paz.

Resumo

Muitas pessoas não conseguem se perdoar porque não compreendem a real natureza de Deus. Elas o enxergam como um carrasco, um juiz implacável que estabelece limites para quantas vezes libera sua graça em forma de perdão. Acreditam até mesmo que Deus desistiu delas. Portanto, é fundamental compreender a real natureza de Deus, a fim de enxergá-lo como ele é e, assim, receber a paz e o perdão que só o Senhor pode conceder.

Sobre a essência de Deus, a Bíblia nos fala que ele é amor e é bom. Isso se revela nas três pessoas da Trindade: o Pai, o Filho e o Espírito Santo. As Escrituras também deixam claro que a graça gera misericórdia, que por sua vez gera perdão.

Assim, ter consciência da bondade divina é ter a certeza de que ela nos garante o perdão, pois, por ser bom, Deus pratica em sua natureza atos de bondade, sendo o perdão o mais imerecido e, por isso mesmo, o mais magnânimo de todos.

Amor: essa é a natureza de Deus.

3
A missão de Deus

Tudo está errado até que
Deus endireite as coisas.

A. W. TOZER

O motivo da encarnação

E vimos e testemunhamos que o Pai enviou seu Filho para ser o Salvador do mundo.

1JOÃO 4.14

Espero que a essa altura você tenha percebido que Deus é bom, gracioso, misericordioso e perdoador. Isso é uma certeza. É importante saber ainda que, somado à realidade de que Deus é bom, há outra verdade que precisa estar muito enraizada no coração e na mente: Jesus encarnou com o objetivo de perdoar pecados e, assim, nos dar salvação e acesso ao céu. Quando compreendemos isso, torna-se fácil carregar a convicção de que, ao nos perdoar dos pecados, o Senhor não está abrindo exceções ou fazendo concessões. Jesus veio à terra exatamente para isso!

Entenda que o Filho estava muito bem no céu. Não tinha nenhuma obrigação de se fazer humano, sofrer e morrer. Se ele fez isso foi porque quis. Isso é graça. Jesus queria nos perdoar. Ele decidiu espontaneamente tomar essa atitude. Portanto, a razão de ele se despir de sua glória e encarnar como homem foi para morrer e ressuscitar exatamente para perdoar nossas transgressões e nos dar acesso à eternidade.

João Batista disse a respeito de Jesus: "Vejam! É o Cordeiro de Deus, que tira o pecado do mundo!" (Jo 1.29). João poderia ter ressaltado qualquer aspecto da natureza ou da missão de Cristo. Poderia ter dito "É o Cordeiro de Deus, que cura os enfermos", "É o Cordeiro de Deus, que levanta os mortos", "É o Cordeiro de Deus, que prega contra as heresias", "É o Cordeiro de Deus, que dá paz ao coração", e por aí vai.

Tudo isso seria verdade. Mas o que ele enfatiza é justamente o fato de que o Mestre "tira o pecado do mundo!". Será que foi à toa?

O autor de Hebreus, em poucas palavras, resume logo no início de sua carta a missão do Filho ao encarnar: "Depois de ter realizado a purificação dos pecados, ele se assentou à direita da Majestade nas alturas" (Hb 1.3). De tudo o que Jesus fez em seu ministério terreno, o autor bíblico destaca logo isso: a purificação dos pecados. Ele não diz "depois de ter ensinado sobre o amor" ou "depois de ter curado doentes e ressuscitado mortos". Nada disso. Ele destaca o primordial, o essencial da missão de Jesus: purificar-nos de nossos pecados. Que magnífica esperança para os pecadores!

Esta é a síntese da obra do Cristo: purificar-nos de nossos pecados, removê-los de nós. "Cristo foi oferecido em sacrifício uma única vez, para tirar os pecados de muitos" (Hb 9.28). Quando alcançamos essa verdade, passamos a ter mais facilidade para nos perdoar de nossos piores pecados, pois compreendemos que Jesus quer isso. Ele deseja nos absolver. Ele tem fome e sede de perdoar pecados. E, quando ele perdoa um pecado, acredito que abre um sorriso no rosto e diz: "Missão cumprida!".

Autoridade para perdoar

"Mas, para que vocês saibam que o Filho do homem tem na terra autoridade para perdoar pecados" — disse ao paralítico — "eu lhe digo: Levante-se, pegue a sua maca e vá para casa".

Lucas 5.24

Quando vem em nossa mente o pensamento de que cometemos um deslize tão terrível que não seria possível receber o perdão de Deus, estamos na verdade tirando de Deus a sua onipotência. Pois, ao fazê-lo, o acusamos de não ser capaz de perdoar. Acontece que "nada é impossível para Deus" (Lc 1.37). Jesus pode sim perdoar e, portanto, salvar. Isso é um fato estabelecido desde a primeira promessa sobre o nascimento de Jesus.

Por volta dos trinta anos, Jesus iniciou seu ministério terreno, que se caracterizou por três grandes manifestações, consideradas revolucionárias no conceito judaico de então. Tratava-se de ações que apenas Deus poderia realizar: a cura de enfermidades, a expulsão de demônios e o perdão dos pecados. O exemplo do paralítico é emblemático.

Marcos nos conta que, certo dia, Jesus foi a Cafarnaum e muita gente se reuniu em sua casa. A coisa pegou fogo: de tanta gente, não havia lugar nem junto à porta. Jesus pregava a Palavra com tranquilidade. De repente, quatro homens interrompem a pregação da forma mais inusitada possível, abrindo um buraco no teto da casa. Vândalos? Não, amigos. Bons amigos de um paralítico que, impossibilitado de chegar ao Senhor pela porta, é baixado numa maca pela claraboia recém-aberta.

A primeira coisa que Jesus faz ao ver aquela cena incomum não é chamar os diáconos para expulsar os baderneiros, não é dar uma bronca por terem interrompido a pregação, nada disso. Ele sabia que sua missão tinha prioridade sobre qualquer outra coisa. Portanto, quando abre a boca é para dizer ao paralítico: "Filho, os seus pecados estão perdoados" (Mc 2.5).

Uau. Que choque para todos. O homem e seus amigos certamente esperavam ouvir "Levante-se, pegue a sua maca e vá para casa". Mas Jesus não prioriza a cura; prioriza o perdão. Igualmente chocados, os mestres da lei rangem os dentes, crendo estar diante de uma blasfêmia. "Quem pode perdoar pecados, a não ser somente Deus?", questionam. E Jesus, para demonstrar que é totalmente capaz de perdoar, diz ao homem: "Mas, para que vocês saibam que o Filho do homem tem na terra autoridade para perdoar pecados, eu lhe digo: Levante-se, pegue a sua maca e vá para casa" (Mc 2.10-11).

A resposta de todos os que viram aquele milagre de cura espiritual e física é a mesma que devemos dar ao receber o perdão por nossos piores pecados: "Nunca vimos nada igual!" (Mc 2.12).

※

Seus pecados estão perdoados

> Portanto, eu lhe digo, os muitos pecados dela lhe foram perdoados; pois ela amou muito. Mas aquele a quem pouco foi perdoado, pouco ama.
>
> Lucas 7.47

Você e eu temos o péssimo hábito de tratar indivíduos que cometeram pecados como leprosos, pessoas incorrigíveis, estigmatizadas e que para sempre carregarão na testa a marca de seu pecado. Você e eu, diga-se. Pois Jesus não age assim — nem de longe. O evangelho de Lucas nos mostra como Jesus tratava os pecadores que se humilhavam e se entregavam ao seu amor.

Em Lucas 7.36-50, o médico relata o que ocorreu certa noite, quando um dos fariseus convidou o Senhor para jantar. Na casa, como era hábito, Jesus reclinou-se à mesa para comer e conversar. Mas, de repente, diante deles aparece uma mulher (que a Bíblia apresenta como "uma pecadora"). Em suas mãos, um frasco de alabastro com perfume.

Sentindo-se indigna, ela se coloca atrás de Jesus e se põe a seus pés. A mulher está aos prantos. Começa a molhar os pés dele com suas lágrimas (não deviam ser poucas). Depois, enxuga os pés de Jesus com os próprios cabelos. Beija-os. Unge-os com o perfume.

Espantado e, de certo modo, horrorizado ante aquela cena inusitada, Simão, o dono da casa, pensa que, se Jesus fosse profeta, saberia que a mulher a tocá-lo era uma... PECADORA! Jesus não era bobo. Jesus era Deus. Jesus conhecia os pensamentos de seu anfitrião. E, na forma de uma parábola, mostra a ele que ama mais quem mais precisa ser perdoado.

Em seguida, Jesus se vira para a mulher e repreende Simão, que não o saudou com um beijo, não ungiu sua cabeça nem lavou seus pés — práticas básicas de boa hospitalidade na época. A pecadora, por sua vez, fez tudo aquilo. Jesus dá então o xeque-mate: "Portanto, eu lhe digo, os muitos pecados dela lhe foram perdoados, pois ela amou muito. Mas aquele a quem pouco foi perdoado, pouco ama". Em seguida, diz à pecadora: "Seus pecados estão perdoados" (Lc 7.47-48).

Será que agimos como Jesus ou como Simão? Jesus vê em cada pecador uma possibilidade. O fariseu vê em cada pecador uma condenação. E você, como vê?

Jesus sai em busca de pecadores

Pois ele nos resgatou do domínio das trevas e nos transportou para o Reino do seu Filho amado, em quem temos a redenção, a saber, o perdão dos pecados.

Colossenses 1.13-14

Jesus entra em Jericó. Caminha pela cidade. De repente, no meio de toda aquela multidão, levanta os olhos e vê a escória da sociedade judaica em cima de uma árvore. É Zaqueu, o publicano — um judeu que recolhia impostos para os dominadores romanos e, de quebra, embolsava boa parte do dinheiro. Traidor, ladrão, estelionatário. Um *cabra ruim*. Seria vergonhoso para qualquer um dirigir a palavra àquele... PECADOR. Ir a sua casa? Deus me livre! O que os outros diriam? Esta é uma realidade que atravessa os milênios: toda pessoa impiedosa afasta-se de um pecador quando toma conhecimento de seu pecado.

Mas não Jesus. Ele enxerga uma oportunidade. Vira-se em direção à figueira brava e fala de maneira que todos na multidão possam ouvir: "Zaqueu, desça depressa. Quero ficar em sua casa hoje" (Lc 19.5). Imagine o disse-me-disse que isso não gerou! O Mestre faz exatamente o oposto do que os legalistas costumam fazer: ele não se afasta; aproxima-se. Zaqueu fica feliz. Enfim um judeu que não o trata como lixo, que não o vê por seus pecados.

O relato de Lucas mostra que o publicano é tão tocado por aquele gesto da graça de Deus que faz um compromisso.

"Olha, Senhor! Estou dando a metade dos meus bens aos pobres; e se de alguém extorqui alguma coisa, devolverei quatro vezes mais", promete Zaqueu (Lc 19.8). Imagino Jesus dando um sorriso ao dizer: "Hoje houve salvação nesta casa! Porque este homem também é filho de Abraão. Pois o Filho do homem veio buscar e salvar o que estava perdido" (Lc 19.9-10). Valeu a pena ouvir a murmuração do povo. Valeu a pena pôr em risco sua reputação para estar com o pecador. Valeria a pena qualquer coisa: um pecador tinha se arrependido. Festa entre os anjos!

Note a sequência de eventos: Jesus o chama, o pecador se arrepende de suas transgressões, toma a decisão de não mais praticá-las e recebe a salvação. É isso o que Jesus faz conosco. O propósito da encarnação do Cordeiro de Deus se cumpriu mais uma vez. Ele mesmo reafirmou sua missão em Jerusalém na noite em que apareceu aos discípulos na estrada para Emaús: "Está escrito que o Cristo haveria de sofrer e ressuscitar dos mortos no terceiro dia, e que em seu nome seria pregado o arrependimento para perdão de pecados a todas as nações" (Lc 24.46-47).

Se você pecou, não se considere indigno. Jesus quer ir à sua casa e cear com você. Ou, se você murmura quando algum conhecido pecou, lembre-se que o propósito de Cristo é conceder perdão àquela vida. Nessa hora, seja um braço que apoia, e não uma boca que murmura. Assim você estará se aliando a Jesus no cumprimento de sua missão. Aliado ou sabotador, o que vai ser?

"Eu não vim chamar justos"

Jesus disse: "Não são os que têm saúde que precisam de médico, mas sim os doentes. Vão aprender o que significa isto: 'Desejo misericórdia, não sacrifícios'. Pois eu não vim chamar justos, mas pecadores".

MATEUS 9.12-13

Em nossos dias, existem muitas explicações para a vinda de Jesus à terra: uns dizem que veio trazer prosperidade; outros que veio curar os enfermos; outros ainda creem que ele queria apenas transmitir bons ensinamentos. Mas a encarnação de Deus teve uma razão muito mais nobre que tudo isso: nas próprias palavras do Cordeiro de Deus, ele veio até nós para resgatar os doentes de alma, para resgatar pecadores de seus pecados.

Interessante que ele diz isso justamente ao ser confrontado pelos fariseus por estar comendo com "publicanos e pecadores", considerados a escória da sociedade pelos mestres da lei. E Jesus se preocupava tanto com os que eram discriminados por seus pecados que os evangelhos nos relatam pelo menos dez ocasiões em que ele e seus discípulos são censurados porque comiam com os "pecadores".

A própria Ceia do Senhor, que tomamos com reverência e frequência em nossas igrejas, é realizada como um memorial dessa verdade:

Jesus tomou o pão, deu graças, partiu-o, e o deu aos seus discípulos, dizendo: "Tomem e comam; isto é o meu corpo". Em seguida tomou o cálice, deu graças e o ofereceu aos discípulos, dizendo: "Bebam dele todos vocês. Isto é o meu sangue da aliança, que é derramado em favor de muitos, para perdão de pecados".

Mateus 26.26-28

Diante dessa afirmação, não há como algum participante da Ceia negar ter recebido perdão ou negar-se a estender perdão.

O DNA de Jesus é perdoador. Perdoar faz parte de sua natureza. Diante de um coração quebrantado, Cristo intercede junto ao Pai e o decreto da purificação é outorgado. O martelo bate na mesa e, por causa da cruz do Calvário, a sentença é proferida: "Inocente!".

O perdão é para todos

Meus irmãos, se algum de vocês se desviar da verdade e alguém o trouxer de volta, lembrem-se disso: Quem converte um pecador do erro do seu caminho salvará a vida dessa pessoa e fará que muitíssimos pecados sejam perdoados.

Tiago 5.19-20

O perdão de Deus não é só para quem é justificado pela graça de Cristo no ato da salvação. É um engano acreditar que seguir Jesus faz as pessoas automaticamente pararem de pecar. Não, quem ama o evangelho continua pecando e precisa continuar sendo perdoado, assim como os que não conhecem a boa-nova da salvação. A ideia de que caminhar com Cristo por anos põe alguém atrás de uma blindagem ao perdão divino não é verdadeira.

Os exemplos bíblicos são muitos, mas podemos citar os dois que considero os mais significativos. Primeiro é o caso de Pedro, que traiu Jesus três vezes no momento em que o Mestre mais precisava de sua lealdade. E o segundo é o de Paulo, que, como já vimos neste livro, afirmou com todas as letras que pecava apesar de todas as suas experiências com Deus após a sua conversão (Rm 7.18-20; 1Tm 1.15-17).

Isso para não mencionar os exemplos do Antigo Testamento. Um homem como Abraão, o pai da fé, em duas ocasiões fingiu que Sara era sua irmã com medo de ser morto (Gn 12.14-15; 20.1-18). Ou mesmo Moisés, que foi homicida, e Davi, que foi adúltero, assassino e soberbo. A lista de gente que andou com Deus e, no entanto, incorreu em pecado é repleta de celebridades bíblicas.

O fato de que Jesus perdoa pecados aplica-se a quem se converte e a cristãos que já pertencem à família da fé e viveram na prática consciente do pecado por algum tempo. Não é o que Tiago diz em sua epístola?

Note na passagem acima que ele se dirige a seus "irmãos", ou seja, pessoas que já integravam a família da fé, filhos de Deus salvos pela graça e pelo sangue do Cordeiro. "Alguns de vocês" naturalmente refere-se a algum desses irmãos, e não a pessoas que ainda não entregaram a vida a Cristo. Em seguida, Tiago fala sobre o "desvio da verdade" e a possibilidade de ser trazido "de volta", mencionando logo depois que esse desvio diz respeito a pecados cometidos.

Portanto, essa passagem ilumina o fato de que é totalmente possível — embora totalmente indesejável — que um salvo se afaste por um tempo do caminho da verdade, enverede pelo pecado e seja reconduzido à realidade de onde saiu. Há volta. A ponte não foi derrubada. O caminho de retorno aos braços do Pai está aberto.

Volte sem medo. Receba sem medo quem volta.

O perdão é para você

Portanto, meus irmãos, quero que saibam que mediante Jesus lhes é proclamado o perdão dos pecados.

Atos 13.38

O fariseu Paulo de Tarso é o grande perseguidor de cristãos da época dos apóstolos. Ele caça e prende todos os seguidores de Jesus ao seu alcance. Então Cristo lhe aparece numa estrada e denuncia seu pecado. Após um período de tristeza, Paulo sacode a poeira, muda seus caminhos e se torna um dos maiores pregadores do evangelho de todos os tempos. Perdoado, ele quer dizer a todos que eles também podem ser perdoados; basta irem a Cristo.

Paulo não se contenta em ficar parado. Ele inicia diversas viagens missionárias, pregando o perdão dos pecados por meio de Jesus para o máximo de pessoas possível. Passando por uma cidade chamada Antioquia da Pisídia, vai à sinagoga e prega: "Portanto, meus irmãos, quero que saibam que mediante Jesus lhes é proclamado o perdão dos pecados. Por meio dele, todo aquele que crê é justificado de todas as coisas das quais não podiam ser justificados pela lei de Moisés" (At 13.38-39). Essa passagem é interessante, pois deixa claro que o perdão de Cristo vai além do que havia na antiga aliança, pois "o fim da lei é Cristo, para a justificação de todo o que crê" (Rm 10.4).

Aquilo foi um grande susto para os judeus. Até então, eles não conseguiam conceber salvação para os gentios, isto é, aqueles que não são judeus. Mas, quando Jesus sobe ao céu e a Igreja começa a crescer, a ela somam-se muitos gentios.

Pedro, por ocasião de sua visita à casa de Cornélio (um gentio), declara: "Todos os profetas dão testemunho dele, de que todo o que nele crê recebe o perdão dos pecados mediante o seu nome" (At 10.43). Era uma demonstração de que o perdão se destinava a todos os que fossem alcançados pela graça de Deus.

O mesmo ocorre em nossos dias. Um grande erro que muitos cometem é acreditar que são indignos de perdão. Mas o perdão é para todos os que se arrependem e confessam seu pecado. Davi foi perdoado de adultério e homicídio. Moisés foi perdoado de assassinato. Pedro foi perdoado de traição. Paulo foi perdoado de perseguir a Igreja de Cristo. E você, qual pecado ou quais pecados mais o fazem sentir-se indigno de perdão? Mire-se nesses exemplos. Você é dos que creem em Jesus? Então o perdão é para você.

Jesus perdoa todo pecado

Esta é a vontade daquele que me enviou: que eu não perca nenhum dos que ele me deu, mas os ressuscite no último dia.

João 6.39

Deus deu você a Cristo? Então por que passa por sua cabeça a ideia de que os pecados que cometeu são mais poderosos que o Todo-poderoso? Se você tinha essa ideia, tenha agora uma nova: não são. A morte e a ressurreição de Cristo não foram apenas para salvar os perdidos, mas também para perdoar os pecados dos salvos. Jesus diz:

As minhas ovelhas ouvem a minha voz; eu as conheço, e elas me seguem. Eu lhes dou a vida eterna, e elas jamais perecerão; ninguém as poderá arrancar da minha mão. Meu Pai, que as deu para mim, é maior do que todos; ninguém as pode arrancar da mão de meu Pai.

João 10.27-29

Como questionar isso? Como achar que seus erros têm o poder de arrancá-lo das mãos graciosas de Jesus, se ele mesmo afirmou que isso era impossível?

Em sua primeira epístola, o apóstolo João se dirige a pessoas que ele chama de "meus filhinhos". Ou seja, está escrevendo aos que pertencem a Cristo. Tanto que, a respeito de seus destinatários, ele diz: "Vocês têm uma unção que procede do Santo, e todos vocês têm conhecimento" (1Jo 2.20). E mais: "Vejam como é grande o amor que o Pai nos concedeu: sermos chamados filhos de Deus, o que de fato somos!" (1Jo 3.1-2).

Pouco antes, porém, João afirmou que esses cristãos ungidos, cheios de conhecimento, amados pelo Pai, filhos de Deus, que serão semelhantes ao Senhor... pecam! Repare: "Se, porém, alguém pecar, temos um intercessor junto ao Pai, Jesus Cristo, o Justo. Ele é a propiciação pelos nossos pecados, e não somente pelos nossos, mas também pelos pecados de todo o mundo" (1Jo 2.1-2).

Veja você. O apóstolo que ficou aos pés de Jesus em sua crucificação afirma que os filhos de Deus podem pecar e que Jesus se fez propiciação pelos pecados deles. Jesus, portanto, também morreu pelos pecados de quem já entregou sua vida a ele! No início da mesma carta, ele vai além e diz que o sangue de Jesus nos purifica de "todo pecado" (1Jo 1.7). E *todo* significa... *todo*! O que inclui os cometidos antes e também depois de nossa conversão.

E, se ainda resta qualquer dúvida, ele diz: "Amados, agora somos filhos de Deus [...] Vocês sabem que ele se manifestou para tirar os nossos pecados" (1Jo 3.2,5). Eis a missão de Cristo: tirar os nossos pecados. Os de todos. Por meio de Jesus há perdão para todo pecado e de qualquer pessoa. Inclusive os seus.

Jesus não desiste de ninguém

Todo aquele que o Pai me der virá a mim, e quem vier a mim eu jamais rejeitarei.

João 6.37

Dois comentários deixados em meu *blog* me deixaram consternado. Neles, um irmão e uma irmã em Cristo se diziam tão esmagados pelos pecados que cometiam repetidamente, sem conseguir abandoná-los, que chegaram a questionar como Deus os via, uma vez que eles próprios se enxergavam como indignos de perdão. A irmã mencionou: "Hoje eu me sinto cansada de sempre me arrepender e depois voltar a pecar. Minha vida tem se dividido em duas, entre minha conduta cristã na igreja e entre os familiares e a realidade diante de Deus". O irmão, por sua vez, declarou: "Já estou tão machucado de cair de abismo em abismo que não me sinto seguro com ninguém, visto que deixei a igreja e mesmo o convívio com alguns irmãos mais chegados eu abandonei. Sinto-me tão sujo, amaldiçoado e envergonhado que nem sei se consigo acreditar que Deus me vê. A dúvida já tomou minha mente há algum tempo: Será que ele desistiu de mim?".

Um grande problema é que cair em abismo após abismo exaure as forças de qualquer um. A sucessão de pecados mina as energias. Mas Paulo nos diz, ao falar sobre o famoso espinho na carne:

Mas ele [Deus] me disse: "Minha graça é suficiente para você, pois o meu poder se aperfeiçoa na fraqueza". Portanto, eu me gloriarei ainda mais alegremente em minhas fraquezas, para que o poder de Cristo repouse em mim. Por isso, por amor de Cristo, regozijo-me nas fraquezas, nos insultos, nas necessidades, nas perseguições, nas angústias. Pois, quando sou fraco é que sou forte.

2Coríntios 12.9-10

O apóstolo deixa claro que nosso momento de maior fraqueza é nossa maior oportunidade para nos abrir a Deus, confessar a ele nossa incapacidade humana e rogar para que ele assuma as rédeas de nossa vida. Nossos momentos de queda nos mostram quanto não somos nada e o Senhor é tudo.

Assim, buscamos nele a força que não temos. Somos machucados por nós mesmos, exaurimos nossas próprias forças, mas o bálsamo celestial está sempre pronto para ser derramado sobre nossas feridas. É a promessa de Cristo: "Venham a mim, todos os que estão cansados e sobrecarregados, e eu lhes darei descanso" (Mt 11.28). Há descanso em Cristo. Há cura. Há restauração. Há novas possibilidades. O abismo nunca é o ponto final; é a vírgula antes de se chegar aos pastos verdejantes.

Será que Deus desiste de alguém? O próprio Jesus responde: "Todo aquele que o Pai me der virá a mim, e quem vier a mim eu jamais rejeitarei" (Jo 6.37). Não, Jesus não rejeita aqueles que vão a ele pela graça. Isso significa que ele não desiste de nenhum dos seus. A Palavra de Deus mostra que o Senhor trata o pecador *sempre* com o intuito de colocá-lo de pé, com perdão e reconciliação, e nunca visando à segregação e ao isolamento. Quem pisa no ferido é o homem: Jesus nunca faz isso. *Nunca*.

Você está livre!

Ele nos ama e nos libertou dos nossos pecados por meio do seu sangue, e nos constituiu reino e sacerdotes para servir a seu Deus e Pai. A ele sejam glória e poder para todo o sempre! Amém.

Apocalipse 1.5-6

O evento que marca aquilo que é considerado por muitos o início da Igreja cristã, o derramar do Espírito Santo no Pentecoste, foi seguido de uma magnífica pregação do apóstolo Pedro. Na ocasião ele faz a afirmação que resume os novos tempos: "Todo aquele que invocar o nome do Senhor será salvo!" (At 2.21). Quem recebe de Jesus a salvação automaticamente é declarado justo e tem seus pecados perdoados. Deus se esquece de todas as transgressões anteriores. Tudo se faz novo. Nova criatura é. É o início de uma nova vida.

Pedro reafirma isso em sua primeira carta: "Ele mesmo levou em seu corpo os nossos pecados sobre o madeiro, a fim de que morrêssemos para os pecados e vivêssemos para a justiça" (1Pe 2.24). Ou seja, a crucificação do Cristo se deu *com a finalidade* de que não mais pecássemos, mediante o fato de que o Cordeiro tomou sobre si nossos pecados, nos redimiu, nos reconciliou com o Pai e nos perdoou.

Os que vivem em Jesus estão livres de condenação — do pecado e da morte —, algo que só o sacrifício da graça foi capaz de fazer. Sendo o Cordeiro definitivo, o Filho de Deus se fez oferta por cada pecado, promovendo um fenômeno extraordinário: o Espírito agora vive em nós. É o que Paulo explica:

Portanto, agora já não há condenação para os que estão em Cristo Jesus, porque por meio de Cristo Jesus a lei do Espírito de vida me libertou da lei do pecado e da morte. Porque, aquilo que a Lei fora incapaz de fazer por estar enfraquecida pela carne, Deus o fez, enviando seu próprio Filho, à semelhança do homem pecador, como oferta pelo pecado. E assim condenou o pecado na carne, a fim de que as justas exigências da Lei fossem plenamente satisfeitas em nós, que não vivemos segundo a carne, mas segundo o Espírito. [...] Mas se Cristo está em vocês, o corpo está morto por causa do pecado, mas o espírito está vivo por causa da justiça.

Romanos 8.1-4;10

Você recebeu Cristo como Senhor de sua vida e Salvador de sua alma? Então alegre-se! Todo e qualquer pecado foi levado sobre a cruz. Você está livre!

A alegria pelo perdão

Eu lhes digo que, da mesma forma, haverá mais alegria no céu por um pecador que se arrepende do que por noventa e nove justos que não precisam arrepender-se.

Lucas 15.7

Certo dia, um grupo se reuniu ao redor de Jesus para ouvi-lo. A Bíblia diz que todos os publicanos e "pecadores" estavam ali, mas os fariseus e os mestres da lei o criticavam pelo fato de receber pecadores e comer com eles. Ciente dos cochichos maldosos, Jesus lhes contou três parábolas, registradas em Lucas 15.

Na parábola da ovelha perdida, ele fala sobre a importância de cada vida. Deixa claro que uma única alma perdida é mais urgente que as noventa e nove que já estão no aprisco. Na explicação da mesma parábola em Mateus 18, Jesus afirma que "o Filho do homem veio para salvar o que se havia perdido" e que "o Pai de vocês, que está nos céus, não quer que nenhum destes pequeninos se perca" (Mt 18.11,14).

Assim, em apenas quatro versículos vemos que a missão de Jesus em sua encarnação era salvar o pecador, que ele se alegra em resgatar o pecador de suas transgressões e que Deus deseja a salvação dos seus.

A mesma realidade aparece na parábola da moeda perdida. Uma mulher tem dez dracmas e perde uma. Quando encontra a perdida, reúne suas amigas e vizinhas para se alegrarem com ela. Mais uma vez, Jesus diz que "há alegria na presença dos anjos de Deus por um pecador que se arrepende" (Lc 15.10). Que afirmação extraordinária e animadora!

O arrependimento de um pecador faz os anjos se alegrarem. Imagine, então, a alegria do Senhor!

A terceira parábola é a do filho pródigo. O mais novo dos dois filhos de um homem reivindica sua herança, gasta tudo na farra e começa a passar necessidade. Resultado: vai trabalhar como tratador de porcos e acaba tendo de comer o alimento dos animais. Diante disso, decide pedir ao pai para aceitá-lo de volta como empregado. Qual não é sua surpresa quando o pai, cheio de compaixão, o recebe com abraços, beijos, a melhor roupa, um anel em seu dedo e calçados para os pés. Mais ainda, manda preparar uma festa com um bezerro gordo. Suas palavras são comoventes: "Este meu filho estava morto e voltou à vida; estava perdido e foi achado" (Lc 15.24).

A grande beleza por trás dessa história não está no comportamento do filho, mas do pai. "Cheio de compaixão" (Lc 15.20), ele ignora totalmente a desobediência do filho, a rebeldia, o desperdício dos bens, o comportamento irresponsável e até a proposta dele de se tornar um servo. O pai simplesmente o abraça e o beija, uma clara demonstração de amor pelo filho que se afastou do caminho correto.

Não importa quão grave foi seu pecado, em que área ele se encaixa, quanto tempo o praticou, se foi antes ou depois da conversão: o Pai está de braços abertos para recebê-lo, perdoá-lo e colocá-lo num lugar de honra.

Deus se esquece do pecado perdoado

Quem é comparável a ti, ó Deus, que perdoas o pecado e esqueces a transgressão do remanescente da sua herança? Tu, que não permaneces irado para sempre, mas tens prazer em mostrar amor. De novo terás compaixão de nós; pisarás as nossas maldades e atirarás todos os nossos pecados nas profundezas do mar.

Miqueias 7.18-19

Se você estiver num barco sobre a fossa das Ilhas Marianas, no Oceano Pacífico, e deixar cair seu relógio na água, desista de recuperá-lo. Esse local, que fica a 2.500 quilômetros a leste das Filipinas, detém as maiores profundidades marinhas do planeta. Seu relógio vai parar — se não for esmagado e estraçalhado pela pressão — quase doze quilômetros abaixo da superfície.

Quando a Bíblia diz que Deus perdoa o pecado e o atira nas profundezas do mar, essa é a imagem que você precisa ter: eles vão parar num local onde serão esmigalhados e de onde é impossível recuperá-los. Daí vem a expressão popular que afirma que "Deus lança nossos pecados no mar do esquecimento".

O Senhor não só descarta dessa maneira nossos pecados, como assume o que poderíamos chamar de uma "amnésia voluntária" quanto a eles, como se esquecesse onde os lançou e até mesmo que chegou a lançá-los: simplesmente decide apagá-los de sua memória. "Eu lhes perdoarei a maldade e não me lembrarei mais dos seus pecados" (Hb 8.12).

Muitas pessoas pensam que o Senhor é como aqueles cônjuges que, quando têm uma discussão, desencavam problemas ocorridos muitos anos antes. "Porque em 1977 você olhou para aquela mulher!", ou "Cinco décadas atrás você se esqueceu de nosso aniversário de casamento!". Mas Deus não é assim. Ele simplesmente decide eliminar de sua lembrança os pecados já perdoados.

Sim, Deus é onisciente, ele sabe de todas as coisas, possui todas as informações. Mas a partir do momento em que o perdão é concedido, nunca mais a transgressão será trazida à tona ou levada em consideração pelo Justo Juiz. O Senhor, mediante o sangue de Cristo, liberta o pecador perdoado de qualquer dívida por seu pecado. Ele para de lhe imputar qualquer culpa por aquela transgressão de sua vontade e ofensa à sua santidade.

"Dos seus pecados e iniquidades não me lembrarei mais. Onde esses pecados foram perdoados, não há mais necessidade de sacrifício por eles" (Hb 10.17-18). Que alegria! Que esperança maravilhosa! Como é bom desfrutar da "amnésia voluntária" de Deus! "Sou eu, eu mesmo, aquele que apaga suas transgressões, por amor de mim, e que não se lembra mais de seus pecados" (Is 43.25). Palavra de Pai.

Três parábolas, cinco lições

Vamos fazer uma festa e alegrar-nos. Pois este meu filho estava morto e voltou à vida; estava perdido e foi achado.

LUCAS 15.23-24

A parábola do filho pródigo, ou filho perdido, é provavelmente uma das mais famosas da Bíblia (Lc 15.11-32). Antes dela, porém, Jesus conta duas outras histórias relacionadas ao perdão: a parábola da ovelha perdida e da moeda perdida.

Qual de vocês que, possuindo cem ovelhas, e perdendo uma, não deixa as noventa e nove no campo e vai atrás da ovelha perdida, até encontrá-la? E quando a encontra, coloca-a alegremente nos ombros e vai para casa. Ao chegar, reúne seus amigos e vizinhos e diz: "Alegrem-se comigo, pois encontrei minha ovelha perdida". Eu lhes digo que, da mesma forma, haverá mais alegria no céu por um pecador que se arrepende do que por noventa e nove justos que não precisam arrepender-se.

Ou, qual é a mulher que, possuindo dez dracmas e, perdendo uma delas, não acende uma candeia, varre a casa e procura atentamente, até encontrá-la? E quando a encontra, reúne suas amigas e vizinhas e diz: "Alegrem-se comigo, pois encontrei minha moeda perdida". Eu lhes digo que, da mesma forma, há alegria na presença dos anjos de Deus por um pecador que se arrepende.

Lucas 15.3-10

Em comum, podemos extrair das três parábolas cinco ensinamentos principais:

1. Jesus encarnou para resgatar a humanidade de seus pecados.
2. Cristo se aproxima dos pecadores para salvá-los, mesmo os "que se haviam perdido", ou seja, cristãos que enveredaram pelo caminho do pecado.
3. O arrependimento do pecador é motivo de alegria no céu.
4. O tipo de pecado e a quantidade de vezes que o indivíduo pecou são irrelevantes em seu perdão.
5. Deus não aceita que o pecador arrependido se menospreze ou se sinta inferior após ser perdoado; ele lhe dá vestes limpas e, mesmo que os homens não o façam, o restitui ao exato lugar em que estava antes do pecado.

Deus Filho encarnou como homem, abrindo mão de sua glória celestial por 33 anos, com a missão de perdoar pecados. Cumprido seu objetivo como o Cordeiro de Deus que tira o pecado do mundo, ele voltou a assentar-se nas alturas, pois tudo estava consumado. Ao morrer e ressuscitar, Jesus pagou de uma só vez o preço que você e eu deveríamos ter pago. Fomos alcançados pela graça. Fomos regenerados. Fomos justificados. Fomos adotados. Fomos reconciliados com o Pai. Fomos perdoados.

Resumo

Já vimos que a bondade de Deus, que é fruto de sua graça, dá a todos nós acesso ao perdão de nossos pecados. E o grande meio que ele criou para isso foi enviar seu Filho na pessoa de Jesus para morrer e ressuscitar, de modo a obtermos perdão mediante a cruz. Portanto, precisa estar bem clara a natureza da missão de Cristo na terra, para que você entenda que foi justamente para o perdão dos pecados que ele encarnou. E por que ele faria isso se não estivesse disposto a perdoar?

Jesus tem autoridade para perdoar e, de fato, perdoa. Mais que isso, ele sai em busca de pecadores, pois, como ele mesmo afirmou, não veio à terra para chamar justos, mas pecadores. E um aspecto que precisa ser destacado, pois muitos parecem se esquecer: o perdão da cruz é para quem está experimentando a graça pela primeira vez e também para cristãos com décadas de caminhada na fé. Tempo de convertido não tem peso na concessão de perdão; Jesus perdoa a todos.

O pecador arrependido deve entender ainda que ninguém, absolutamente ninguém, é indigno de perdão. Não importa a gravidade, a extensão e a duração da prática, o que Deus quer é que ela cesse. Uma vez que isso acontece, há festa no céu.

Jesus não desiste de ninguém. Deus não retém sua graça aos que foram chamados pelo Espírito Santo ao arrependimento. Isso não faria o menor sentido, pois a Trindade trabalha em unidade de espírito e de propósito. E, uma vez que se processa o perdão, o pecador fica livre e tem todos os motivos para se alegrar, com a certeza de que Deus se esquece do pecado perdoado e aquilo nunca mais será cobrado de você.

Perdoar: essa é a missão de Deus.

4

A chave do coração de Deus

Como você sabe que se arrependeu
para a salvação anos atrás? É porque
você continua se arrependendo hoje.

PAUL WASHER

Arrependimento: a chave do coração de Deus

Senhor, restaura-nos, assim como enches o leito dos ribeiros no deserto. Aqueles que semeiam com lágrimas, com cantos de alegria colherão. Aquele que sai chorando enquanto lança a semente, voltará com cantos de alegria, trazendo os seus feixes.

Salmos 126.4-6

Quando eu estava na faculdade, muitas vezes ficava irritado, pois queria fazer certa disciplina mas o sistema de matrícula não aceitava. Quando ia ver a razão, descobria que ainda não tinha cursado outra que era pré-requisito para aquela. Então, por exemplo, para cursar "Ética cristã" antes precisava ter passado por "O homem e o fenômeno religioso". Aquilo me chateava, mas fazia sentido: ter passado pela primeira etapa me capacitava para a segunda.

Em nossa vida espiritual ocorre algo semelhante. Há um pré-requisito para sermos perdoados, chamado *arrependimento*.

Por pior que seja o pecado, Deus o apaga — desde que quem o cometeu tenha se arrependido verdadeiramente. É importante termos essa realidade muito clara diante de nós, para que aqueles que cometeram pecados terríveis a seus próprios olhos compreendam que, caso se arrependam e peçam perdão ao Pai mediante confissão, com o sincero propósito no coração de abandonar a prática do pecado, a Bíblia nos garante que não há mais razão para se sentir culpado. O que o transgressor tem é de seguir em frente.

Uma vez que o pecador se arrepende, nosso papel é encorajar, fortalecer, estimular, cuidar. Em resumo: amar. A mensagem da Bíblia sobre o pecado humano focaliza cinco palavras: graça, arrependimento, confissão, perdão e restauração. Vindo a graça, segue-se o *arrependimento*. A palavra grega usada no Novo Testamento que foi traduzida como "arrependimento", *metanoia*, significa basicamente:

1. Lamento sincero pelo pecado.
2. Mudança de atitude ou de pensamento.
3. Desejo de iniciar uma nova direção.

Assim, o arrependimento que conduz ao perdão resulta em três atitudes: o lamento, a mudança e o desejo de recomeçar. São os componentes do pavimento que asfalta a estrada para o céu.

Arrependimento não é remorso

Testifiquei, tanto a judeus como a gregos, que eles precisam converter-se a Deus com arrependimento e fé em nosso Senhor Jesus.

Atos 20.21

Qual a principal diferença entre Judas Iscariotes e o apóstolo Pedro? Ambos negaram Jesus: Judas ao traí-lo por trinta moedas e Pedro ao negá-lo três vezes. Mas a forma como lidaram com isso foi diferente. O primeiro reagiu com *remorso*. O segundo, com *arrependimento*.

A Bíblia conta que Judas, ao ver que Jesus tinha sido condenado, "foi tomado de remorso" (Mt 27.3). Acabou se enforcando. Já Pedro arrependeu-se. Acabou tornando-se o grande apóstolo para os judeus. O que os diferenciava?

Arrependimento é uma disposição interna de discordar de um pecado ou comportamento pecaminoso que a própria pessoa tenha cometido ou adotado por algum tempo. É o abatimento de alma, a tristeza, a dolorosa percepção de ter feito algo ruim. Mas só esse sentimento não configura o arrependimento bíblico: é remorso. Para que o pecador de fato demonstre estar arrependido, precisa mudar de atitude: parar de fazer o que fazia. Tem de desejar uma nova direção em sua vida: começar a fazer o contrário do que fazia. Em síntese, é preciso passar por um processo de *transformação*.

Em curtas palavras, arrepender-se é reconhecer o pecado, confessá-lo a Deus e dispor-se de coração a abandoná-lo.

Apenas a tristeza pelo pecado cometido sem uma real mudança não passa de remorso — e não é arrependimento bíblico. Não demonstra uma verdadeira percepção do mal cometido nem uma vontade real de mudar de trajetória. Quem se arrependeu de fato pelos padrões cristãos necessariamente firmará o sincero compromisso de deixar de fazer o que fazia. É retroceder até o ponto onde caiu e continuar a caminhada a partir dali. Quem pecava, que não peque mais (Jo 8.11). Dizer-se arrependido mas não ter disposição para abandonar o pecado não demonstra arrependimento em Cristo.

Por exemplo, suponha que dois homens assaltem um banco. O primeiro, arrependido, confessa, pede perdão e aceita a punição. O segundo, pego pela polícia, sente remorso no coração mas diz que, se uma nova chance aparecer, roubará novamente. Arrependimento é uma tristeza celestial que produz vida. Remorso é uma tristeza do mundo que produz morte.

Arrependimento exige atitude

Deem fruto que mostre o arrependimento!

MATEUS 3.8

Certo homem tinha um vinhedo e, no meio dele, havia uma figueira. Em três anos, aquela árvore nunca produziu figos. Irritado, ordenou a um funcionário que a cortasse. O agricultor, porém, pediu que esperasse um ano, pois iria cavar ao redor dela e adubá-la. Se no ano seguinte não desse fruto, ele concordou em cortar a árvore que só fazia consumir os nutrientes do solo.

Não fui eu que inventei essa história. Foi o próprio Jesus, para explicar que o arrependimento é necessariamente caracterizado por bons frutos. "Se não se arrependerem, todos vocês também perecerão", afirmou ele (Lc 13.3).

Isso é tão importante que Jesus começou a denunciar as cidades em que havia realizado a maioria de seus milagres, uma vez que elas não tinham se arrependido. Disse que no dia do juízo o rigor sobre lugares notoriamente conhecidos como centros de pecado — como Tiro, Sidom e Sodoma — seria menor que sobre elas.

O arrependimento começa por mudanças em nossa mente, resultantes da ação graciosa do Espírito Santo. Paulo falou especificamente sobre essa transformação no modo de pensar, o fenômeno conhecido como *metanoia* de que já tratamos anteriormente:

> Portanto, irmãos, rogo-lhes pelas misericórdias de Deus que se ofereçam em sacrifício vivo, santo e agradável a Deus; este é o culto racional de vocês. Não se amoldem ao padrão deste

mundo, mas transformem-se pela renovação da sua mente, para que sejam capazes de experimentar e comprovar a boa, agradável e perfeita vontade de Deus.

Romanos 12.1-2

Essa renovação da mente não para no pensamento. Ela necessariamente resulta em mudança de atitudes. E, sem as ações práticas que provem a transformação de valores, não é possível experimentar a vontade de Deus.

Antes mesmo de Jesus iniciar o ministério terreno, seu primo, João Batista, já falava a esse respeito em seus sermões. Como precursor do Messias, aquele que viria para preparar seu caminho, João batizava no deserto, pregando um batismo de arrependimento para o perdão dos pecados.

Essa é a ênfase nas Escrituras: arrepender-se para a apresentação de bons frutos. De atitudes.

Se você está arrependido, o perdão é garantido

O Senhor não demora em cumprir a sua promessa, como julgam alguns. Ao contrário, ele é paciente com vocês, não querendo que ninguém pereça, mas que todos cheguem ao arrependimento.

2Pedro 3.9

Se eu viro a chave na ignição do meu carro é porque quero que ele comece a funcionar. Que sentido faria eu girar a chave esperando que o motor continuasse desligado? Seria contraditório, pois uma ação pressupõe a outra.

Do mesmo modo, o arrependimento é um fenômeno que Deus quer que aconteça e é algo que parte do Senhor. Em Atos 11.18, os discípulos exclamam: "Então, Deus concedeu arrependimento para a vida até mesmo aos gentios!". Sim, é o Senhor quem dá o pontapé inicial. Portanto, todo aquele que pecou e se arrependeu precisa se lembrar de que não haveria razão para que Deus não o perdoasse, uma vez que ele mesmo produz arrependimento no coração do pecador.

Qual seria a explicação para o Senhor conduzi-lo a se arrepender se não tivesse a intenção de perdoá-lo? Deus gira a chave do arrependimento sem desejar que o motor do perdão dê partida? Não, simplesmente não faz sentido. Logo, tenha a certeza de que, se há arrependimento sincero em seu coração, é porque há uma disposição sincera no coração de Deus para perdoar seus pecados.

A mesma verdade está registrada em 2Timóteo 2.25-26, quando Paulo diz que o servo do Senhor "deve corrigir com mansidão os que se lhe opõem, na esperança de que Deus lhes conceda o arrependimento, levando-os ao conhecimento da verdade, para que assim voltem à sobriedade e escapem da armadilha do Diabo, que os aprisionou para fazerem a sua vontade". Que esclarecedor! Que esperança! É Deus quem concede o arrependimento, que leva ao despertamento, que por sua vez leva à santidade.

Ainda nessa carta, Paulo faz uma afirmação magnífica: "Esta palavra é digna de confiança: Se morremos com ele, com ele também viveremos; se perseveramos, com ele também reinaremos. Se o negamos, ele também nos negará; se somos infiéis, ele permanece fiel, pois não pode negar-se a si mesmo" (2Tm 2.11-13). Note que impressionante: mesmo se formos infiéis a Cristo — ou seja, se pecarmos — ele permanecerá fiel a nós — ou seja, nos abrirá as portas do perdão. E simplesmente porque isso faz parte de sua natureza perdoadora, à qual não pode se contrapor.

Isso é o que significa dizer que Cristo "não pode negar-se a si mesmo"; seu coração bondoso, misericordioso e gracioso anela por estender perdão. Que enorme alento para quem não se sente perdoado! Se é o seu caso, entenda que o seu pesar é um processo que tem início no coração de Deus. Logo, é o que ele quer.

A confissão que move a mão de Deus

Se confessarmos os nossos pecados, ele é fiel e justo para perdoar os nossos pecados e nos purificar de toda injustiça.

1João 1.9

Quando estava digitando este texto, cometi um erro. Meu dedo escorregou no teclado e escrevi *Hesus* em vez de *Jesus*. A única forma de consertar o problema era admitir que errei e apertar a tecla *Delete*, que apaga o erro. Pressionar essa tecla equivale a confessar que errei, pois só a aperta quem errou. Em nossa vida espiritual, a única forma de *deletar* um pecado é apertando a tecla chamada *confissão*.

Confissão é a etapa seguinte ao arrependimento. Não precisa ser algo feito diante da igreja ou envolver uma exposição desnecessária do indivíduo. Se o pecador faz uma confissão sincera nas paredes de seu quarto, Deus lhe estenderá perdão — é um fato inegável e bíblico. E confessar não tem mistério: é apenas assumir para o Senhor o que fez (embora ele já tenha conhecimento), dizer-se verdadeiramente arrependido (embora ele conheça seu coração) e apresentar sua disposição de não voltar a cometer o erro (embora ele saiba se cometerá ou não). Tome por exemplo as palavras do salmista: "Então reconheci diante de ti o meu pecado e não encobri as minhas culpas. Eu disse: Confessarei as minhas transgressões ao SENHOR, e tu perdoaste a culpa do meu pecado." (Sl 32.5).

Perdão é o que acontece então. Aquela desobediência, aquele erro, aquele ato terrível simplesmente é *deletado* da conta do cristão. Isso se dá numa velocidade mais rápida que um cursor andando para trás na tela de um computador e apagando uma palavra errada.

As consequências e as cicatrizes materiais e humanas permanecerão. Por exemplo, o homem que roubou e foi preso pode se arrepender e obter o perdão de Deus, mas terá de cumprir sua sentença. Acontece que, no mundo espiritual, as roupas do pecador serão feitas brancas e limpas de mancha, pela eficácia do sacrifício de Jesus. Não por mérito do homem, mas por mérito da cruz.

Assim, o arrependimento seguido de confissão elimina, destrói, apaga, faz desaparecer, desmaterializa, perdoa a dívida, cancela o erro, passa uma borracha na desobediência cometida contra Deus. O Pai se esquece. O Filho se esquece. O Espírito Santo se esquece. O arquivo com o mal praticado é jogado na lixeira — ou, em linguagem bíblica, nas profundezas do mar. Não há condenação. "INOCENTE!", proclama-se no céu a favor do pecador arrependido. Inocente... pelo sangue de Cristo. E que siga em paz.

A bendita humilhação

Humilhem-se debaixo da poderosa mão de Deus, para que ele os exalte no tempo devido.

1Pedro 5.6

Dois homens vão ao templo de Jerusalém. Um é o teólogo religioso e legalista. O outro é o coletor de impostos, considerado traidor. O título do primeiro: fariseu. O do segundo: publicano. Eles se veem de longe e começam a orar. O fariseu, em pé, diz: "Deus, eu te agradeço porque não sou como os outros homens: ladrões, corruptos, adúlteros; nem mesmo como este publicano. Jejuo duas vezes por semana e dou o dízimo de tudo quanto ganho" (Lc 18.11-12). Sujeito bom, não parece? Ao contrário dele, porém, o publicano fica à distância. Conhecedor de sua natureza falível, o homem não tem coragem de olhar para o céu, mas bate no peito em prantos: "Deus, tem misericórdia de mim, que sou pecador" (Lc 18.13).

Na verdade, esses homens não existem. São personagens de uma história que Jesus contou para falar sobre a sinceridade na hora de confessar pecados. Sobre a postura de cada um, o Senhor diz: "Eu lhes digo que este homem [o pecador publicano], e não o outro [o pecador fariseu], foi para casa justificado diante de Deus. Pois quem se exalta será humilhado, e quem se humilha será exaltado" (Lc 18.14).

Vamos combinar: confessar pecados não é fácil. É humilhante. Exige que o pecador se desnude diante de Deus — e quem gosta de ficar exposto? Mas é uma exigência divina para receber perdão. Temos de vencer a vergonha e o medo da humilhação e dar esse passo se quisermos receber o favor do Senhor.

Lembra-se do ladrão da cruz? Que lindo e emocionante exemplo de perdão mediante arrependimento e confissão. O criminoso admite que sua punição na cruz é justa, "porque estamos recebendo o que os nossos atos merecem" (Lc 23.41). Então reconhece Jesus como Rei: "Jesus, lembra-te de mim quando entrares no teu Reino" (Lc 23.42). A resposta do Cristo vem como um bálsamo: "Eu lhe garanto: Hoje você estará comigo no paraíso" (Lc 23.43).

Note que o ladrão mostrou-se arrependido, confessou seus muitos pecados, reconheceu Jesus como Senhor e... recebeu o perdão. Confessar um pecado não é possível sem que se passe por um momento de humilhação. Não no sentido de expor-se ao desprezo ou desdém, mas de submeter-se, render-se, prostrar-se. É o que todos temos de fazer.

Ao contrário do que muitos pensam, humilhar-se pela confissão dos pecados não é despencar ladeira abaixo, mas disparar ladeira acima. Como diz Tiago, "Humilhem-se diante do Senhor, e ele os exaltará" (Tg 4.10). Que linda esperança! Que humilhação desejável!

Novidade de vida

Senhor, restaura-nos, assim como enches o leito dos ribeiros no deserto.

Salmos 126.4

Minha esposa se formou na faculdade de Arquitetura. Tive a oportunidade de visitar o local que serviu como inspiração para seu trabalho final de curso: a Casa do Estudante Universitário, no Rio de Janeiro. O prédio é uma construção belíssima, já foi um hotel de luxo nos anos 1920, virou escola de enfermagem e, depois, alojamento estudantil. Acabou deteriorado e abandonado. Para realizar seu projeto, Alessandra visitou o local, que estava interditado, e pude acompanhá-la em sua visita. Dava vontade de chorar, tamanha era a destruição. Parecia que um tornado passara por ali. Recentemente, as luxuosas instalações do passado voltaram a funcionar, submetidas a um processo chamado *restauração*.

Essa é justamente a última etapa do perdão de Deus: a restauração. É como pegar uma casa em ruínas e restaurá-la para que fique como nova. Tudo se faz novo: a parte elétrica, que não funcionava, volta a funcionar. A parte hidráulica, que parou de transportar água, passa a transportar. O chão, que deixou de ser pisado, volta a servir de piso. O teto, que cessou sua proteção contra a chuva, volta a proteger. As paredes, esburacadas, voltam a isolar os ambientes. As portas, emperradas, voltam a dar passagem. As janelas, destruídas, voltam a abrir e fechar. Mediante a restauração, tudo o que por um tempo ficou inutilizado volta a ter a mesma utilidade de antes.

A restauração é o que permite dar continuidade à vida e ao chamado de Deus.

Quem pregava volte a pregar — e contra o pecado. Quem ensinava volte a ensinar — que o pecado é algo terrível. Quem trabalhava na igreja volte a trabalhar — em favor daquele que perdoa pecados. Quem adulterou continue em seu casamento — e pregue contra o adultério. Quem viu pornografia na internet pare de ver — e pregue contra a impureza sexual. Quem era glutão torne-se comedido em seus hábitos alimentares — e pregue contra a glutonaria. Quem se irava busque em Cristo a mansidão — e pregue contra a ira. Quem era vaidoso passe a preferir os outros em honra — e pregue contra a vaidade. Quem dava propina a funcionários públicos pare com essa prática — e pregue contra o suborno. E assim seja com todo tipo de pecado. Simplesmente não há razão para manter em ruínas alguém que foi perdoado e restaurado.

Uma vez que isso acontece, o filho deixa o chiqueiro e volta para a casa do pai, onde haverá celebração, festa e alegria. Jesus não recebe com chicote na mão os filhos que se afastaram, se arrependeram e voltaram. Ele os recebe de braços abertos. Ocorrida a restauração, o ápice do processo é a hora da reinauguração. E, se nos arrependemos, confessamos e formos restaurados, tudo o que Deus precisa fazer é nos reinaugurar para um funcionamento pleno e produtivo.

～◇～

Arrependimento e perdão também para cristãos

Temo que haja entre vocês brigas, invejas, manifestações de ira, divisões, calúnias, intrigas, arrogância e desordem. Receio que, ao visitá-los outra vez, o meu Deus me humilhe diante de vocês e eu lamente por causa de muitos que pecaram anteriormente e não se arrependeram da impureza, da imoralidade sexual e da libertinagem que praticaram.

2CORÍNTIOS 12.20-21

Cristãos pecam. Não adianta acharmos que só quem não conhece o amor de Deus lhe desobedece: todos nós transgredimos diariamente a vontade do Senhor. Tanto é verdade que Paulo, na passagem acima, lista uma série de pecados da igreja em Corinto. Então, sim: cristãos podem escorregar feio.

Essa realidade fica transparente quando lemos as cartas que o apóstolo João recebe a atribuição de enviar às sete igrejas da Ásia, como registrado em Apocalipse. Nelas, percebemos quanto Deus conclama cristãos a se arrepender de seus caminhos equivocados e voltar à reta de onde se desviaram.

À igreja em Éfeso, Deus ordena: "Arrependa-se e pratique as obras que praticava no princípio" (Ap 2.5). Já os cristãos da cidade de Pérgamo cometiam torpezas e heresias e, por isso, o Senhor dispara: "Arrependa-se! Se não, virei em breve até você e lutarei contra eles com a espada da minha boca" (Ap 2.16). Em seguida, o recado é para a igreja em Tiatira, onde Jezabel, "aquela mulher que se diz profetisa", induzia os cristãos a práticas imorais, pecados sexuais e consumo de alimentos sacrificados a ídolos. Diante disso, vem a exortação: "Dei-lhe tempo para que se arrependesse da sua imoralidade sexual, mas ela não quer se arrepender. Por isso, vou fazê-la adoecer e trarei grande sofrimento aos que cometem adultério com ela, a não ser que se arrependam das obras que ela pratica" (Ap 2.20;21-22).

A igreja na cidade de Sardes é a próxima a ouvir a admoestação divina. Tinha aparência de devoção, mas por dentro estava cheia de pecado. A ela Deus diz: "Obedeça e arrependa-se" (Ap 3.3). Por fim, aos crentes de Laodiceia, materialistas e pouco espirituais, vem o ultimato:

> Repreendo e disciplino aqueles que eu amo. Por isso, seja diligente e arrependa-se. Eis que estou à porta e bato. Se alguém ouvir a minha voz e abrir a porta, entrarei e cearei com ele, e ele comigo. Ao vencedor darei o direito de sentar-se comigo em meu trono, assim como eu também venci e sentei-me com meu Pai em seu trono.
>
> Apocalipse 3.19-21

O que vemos em comum nas cartas a essas cinco igrejas? Basicamente, dois pontos. Primeiro: são endereçadas a servos de Deus. Segundo: têm como principal foco a necessidade de arrependimento de pecados cometidos após a conversão.

Os benefícios de confessar a um irmão

Portanto, confessem os seus pecados uns aos outros e orem uns pelos outros para serem curados. A oração de um justo é poderosa e eficaz.

Tiago 5.16

Tempos atrás cometi certo pecado. Naturalmente, senti-me muito mal. Arrependi-me, confessei a Deus e sei que ele me perdoou, mas ainda assim senti necessidade de conversar com meu pastor. Acredite: foi ótimo. Conversamos, ele me deu orientações, lembrou-me de realidades bíblicas e saí do gabinete pastoral cem quilos mais leve. Não tinha obrigação alguma de contar a ele. Mas hoje não tenho a menor dúvida de como aquela conversa foi importante para mim.

A confissão que gera perdão é a feita a Deus. Tudo o que você precisa fazer é derramar sua alma diante do Senhor, dizendo com seu coração tudo o que fez e que representa transgressão aos padrões celestiais de certo e errado.

Não há mandamento bíblico que ordene alguém a abrir-se para uma pessoa sobre seu pecado — o que há é a sugestão de Tiago. Apenas assegure-se de ter total confiança na pessoa a quem expõe seus pecados. Já vi muita gente extremamente ferida porque contou intimidades a quem não soube guardar segredo. E romper com um voto de silêncio, além de ser uma traição de confiança, demonstra falta de caráter cristão. Lembro-me de um jovem que me procurou por meu *blog* pedindo aconselhamento acerca de um pecado que não conseguia abandonar. Como sempre faço, perguntei-lhe por que não tinha buscado auxílio e palavra junto ao próprio pastor. Sua resposta me devastou: "Zágari, da última vez que contei algo em sigilo a meu pastor, no dia seguinte toda a igreja estava sabendo. Simplesmente não tenho como confiar nele".

Há dois momentos em que esse tipo de confissão pode ser extremamente benéfico. Se você tiver ofendido alguém com seu pecado e a ferida que provocou estiver pesando em seu coração, Tiago nos recomenda uma dinâmica que ajuda sua alma a ficar mais leve: confesse o erro à parte ofendida, com o reconhecimento de que sua ação não foi correta. Só quem já ouviu de alguém a quem fez mal a expressão "eu perdoo você" sabe o bem que isso faz ao coração. Assim, se você pecou não só contra Deus, mas contra alguém, vá até a pessoa e peça perdão. Você verá que essa reconciliação lhe trará paz e refrigério à alma.

Outra confissão que se enquadra na sugestão de Tiago é a feita a irmãos confiáveis. Um bom amigo, o pastor ou um companheiro de oração pode ser essencial no processo de recuperação de alguém ferido pelo próprio pecado. O irmão pode aconselhar, orar, dar apoio, encorajar, exortar e até ensinar verdades sobre o perdão. Portanto, buscar alguém com quem se possa desabafar é verdadeiramente uma bênção.

❧

Resumo

O arrependimento é um elemento essencial no processo de perdão do pecador. Ele é a chave que abre o coração de Deus para perdoar. Curiosamente, é algo provocado pelo próprio Deus, uma vez que só mediante a ação do Espírito Santo somos convencidos do pecado. Logo, é impossível crermos que, se estamos genuinamente arrependidos, não seremos perdoados — pois que lógica haveria em Deus nos chamar ao arrependimento para ele próprio não nos perdoar depois? Não faria sentido.

Todavia, temos de entender que arrependimento é algo que necessariamente se demonstra com a disposição de cessar a prática pecaminosa. A tristeza por ter pecado, mas sem mudança nas atitudes, é mero remorso e não garante o perdão de Deus.

Nesse processo, o arrependimento deve ser seguido de uma confissão sincera e transparente ao Senhor. É possível que isso gere um processo de profunda humilhação, mas, passada essa etapa, tudo se fará novo — para não cristãos que estão ingressando na graça ou para cristãos que descambaram pelo caminho do erro.

Arrependimento: essa é a chave do coração de Deus.

5
A exigência de Deus

O perdão não é um ato ocasional
e sim uma atitude constante.

MARTIN LUTHER KING JR.

O próximo como a si mesmo

Um dos mestres da lei aproximou-se e os ouviu discutindo. Notando que Jesus lhes dera uma boa resposta, perguntou-lhe: "De todos os mandamentos, qual é o mais importante?" Respondeu Jesus: "O mais importante é este: 'Ouça, ó Israel, o Senhor, o nosso Deus, o Senhor é o único Senhor. Ame o Senhor, o seu Deus, de todo o seu coração, de toda a sua alma, de todo o seu entendimento e de todas as suas forças'. O segundo é este: 'Ame o seu próximo como a si mesmo'. Não existe mandamento maior do que estes".

MARCOS 12.28-31

O Burj Khalifa, construído em Dubai, nos Emirados Árabes, é atualmente o maior prédio do mundo, com 828 metros de altura. Para manter em pé um arranha-céu dessa envergadura, é preciso construir com muito cuidado a estrutura responsável por sua sustentação: os alicerces. Mais de 45 mil metros cúbicos de concreto foram usados nesses fundamentos, o que representa mais de 110 mil toneladas. Feitos de concreto e aço, os alicerces são um conjunto de 192 estacas enterradas mais de 50 metros abaixo do nível do chão. Os engenheiros dedicaram muita atenção aos fundamentos, pois sabem que, se eles não estiverem perfeitos, o edifício simplesmente desmoronará.

O evangelho de Jesus Cristo também tem um alicerce: o amor. Sem ele, tudo o mais vem abaixo. Primeiro, o amor por Deus. Segundo, o amor pelo próximo. Assim, amar o próximo como a si mesmo é uma norma básica da fé. "O amor deve ser sincero. [...] Dediquem-se uns aos outros com amor fraternal. Prefiram dar honra aos outros mais do que a si próprios" (Rm 12.9-10).

Tenho consciência de que isso soa bastante estranho aos ouvidos de muitos, visto que vivemos numa civilização e numa época — a chamada era pós-moderna — em que o "eu" tornou-se o centro do universo. Mas esse pensamento não se encaixa nos ensinamentos de Deus. O apóstolo Paulo deixa claro: "Ninguém deve buscar o seu próprio bem, mas sim o dos outros" (1Co 10.24).

Faça um teste: na esmagadora maioria das vezes em que você perguntar a alguém qual é o contrário de *amor,* a resposta será *ódio.* Mas não é. O oposto de *amor* é *egoísmo.* E recusar-se a perdoar é pôr o ego acima da vontade de Deus. Com isso, as portas para a ação do mal são escancaradas: "Se vocês perdoam a alguém, eu também perdoo; e aquilo que perdoei, se é que havia alguma coisa para perdoar, perdoei na presença de Cristo, por amor a vocês, a fim de que Satanás não tivesse vantagem sobre nós; pois não ignoramos as suas intenções" (2Co 2.10-11).

Perdoar é amar o próximo e a Deus. Não perdoar é tentar implodir tudo aquilo que Jesus construiu na terra.

O perigo de não perdoar

Não devam nada a ninguém, a não ser o amor de uns pelos outros, pois aquele que ama seu próximo tem cumprido a Lei. Pois estes mandamentos: "Não adulterarás", "Não matarás", "Não furtarás", "Não cobiçarás", e qualquer outro mandamento, todos se resumem neste preceito: "Ame o seu próximo como a si mesmo". O amor não pratica o mal contra o próximo. Portanto, o amor é o cumprimento da Lei.

Romanos 13.8-10

Não perdoar é deixar de fazer o bem a quem carece de perdão. Logo, é fazer o mal. E se o amor não pratica o mal contra o próximo, a conclusão lógica é que a falta de perdão é uma atitude abominável aos olhos de Deus. Tornar-se o juiz de outras pessoas, esquecendo os próprios erros, é tão ofensivo para o Todo-poderoso como a fornicação, o assassinato, a vaidade ou a arrogância. Tiago afirma isso claramente: "Pois quem obedece a toda a Lei, mas tropeça em apenas um ponto, torna-se culpado de quebrá-la inteiramente. Pois aquele que disse: 'Não adulterarás', também disse: 'Não matarás'" (Tg 2.10-11).

Não é raro pessoas, do dia para a noite, desaparecerem do convívio social. Se você for atrás, descobrirá que muitas delas tomaram essa atitude porque cometeram um pecado que se tornou conhecido e ela não suportou os olhares tortos. Não podemos discriminar pessoas que erraram. Não temos o direito de isolá-las. O juízo não pode triunfar sobre a misericórdia.

Qual deve ser o padrão de conduta? O pastor Rubel Shelly dá uma bela resposta:

Posto em termos que já vi com meus olhos, saberíamos que o Reino de Deus está em nosso meio quando um adolescente visita uma prisão, se senta com o homem que assassinou sua mãe e lhe perdoa.

Experimentamos a soberania de Deus sobre os corações humanos quando uma família recebe um homem atormentado pela culpa na unidade de queimados de um hospital onde seu filho está inconsciente e lutando para sobreviver por causa de um erro desse homem. Ela o recebe lá para lhe dizer 'Nós o livramos do peso que está carregando e oramos para que seu coração sare — da mesma maneira que oramos para que a vida do nosso filho seja poupada e que ele se recupere de seus ferimentos'.

O Reino está presente quando uma mulher confronta e perdoa seu molestador da infância.

O Reino de Deus está também em evidência quando um homem recebe no casamento de sua filha a mãe que abandonou a família por outro homem e, então, a perdoa, conduz sua filha pelo início de uma reconciliação familiar e, graciosamente, inclui a mulher e seu segundo marido nos eventos do casamento.[4]

Isso é perdão.

---

[4] *Divórcio e novo casamento*, Brasília: Palavra, 2012, p. 85.

Livres pela Palavra de Deus

Não entristeçam o Espírito Santo de Deus, com o qual vocês foram selados para o dia da redenção. Livrem-se de toda amargura, indignação e ira, gritaria e calúnia, bem como de toda maldade. Sejam bondosos e compassivos uns para com os outros, perdoando-se mutuamente, assim como Deus os perdoou em Cristo.

EFÉSIOS 4.30-32

Perdoar é exercer bondade. Perdoar é pôr compaixão em prática. Perdão é o contrário de "amargura, indignação e ira, gritaria e calúnia, bem como de toda maldade". Perdão é o sobrenome de Deus.

É uma pena que — seja por falta de vontade ou por uma dificuldade emocional e psicológica de perdoar — muitos não conseguem estender perdão. E com isso adoecem espiritualmente. Em grande parte, não perdoamos simplesmente porque ignoramos o que a Bíblia diz. Ou pior, nem ao menos sabemos o que ela diz. Assim, não permitimos que o Espírito do Senhor aja em nosso espírito, sarando feridas, transformando sentimentos maus em bons e nos fazendo agir como deseja o Todo-Poderoso.

Muitos dizem: "Perdoei, mas não esqueci". Isso *não* é perdão. Nosso padrão sempre deve ser o divino. Se Deus, que é perfeito, lança nossos pecados no fundo do mar, quanto mais nós, pecadores, não teríamos de fazer. O perdão se verifica quando o ofendido relembra a ofensa sem dor no coração.

Isso é o que Deus quer que façamos. E muitos de fato gostariam de seguir pelo caminho da vontade do Senhor, mas, infelizmente, essas pessoas bem-intencionadas não conseguem perdoar. As ofensas infligidas a elas foram tão severas, elas foram tão machucadas em seu coração que até gostariam de perdoar... mas não conseguem. Choram com os dentes trincados, incapazes de estender perdão a quem as magoou. É uma situação que faz muito mal, pois carcome o interior da pessoa, prejudica o bem-estar da alma e acaba por afastá-la de Deus.

A cura para quem deseja perdoar mas não consegue só pode vir por um caminho: o estudo das Escrituras. Quando absorvemos as verdades divinas, o Espírito Santo age em nossa racionalidade e em nossas emoções e somos curados e libertos da falta de perdão, estendendo amor e perdoando quem nos fez mal.

A Bíblia é o santo remédio que pode curar e libertar aqueles que não conseguem perdoar.

Só 490 vezes?

Então Pedro aproximou-se de Jesus e perguntou: "Senhor, quantas vezes deverei perdoar a meu irmão quando ele pecar contra mim? Até sete vezes?" Jesus respondeu: "Eu lhe digo: Não até sete, mas até setenta vezes sete".

MATEUS 18.21-22

"Estou morto de fome." "O céu desabou hoje." "Estou louco para sair de férias." Você certamente já falou frases como essas. Mas, na verdade, o sujeito não estava morto, o céu continuava no mesmo lugar de sempre e a sanidade não chegou de fato a ser afetada pela vontade de descansar do trabalho. O que acontece é que expressões como essas usam certos termos e imagens que não podem ser levados ao pé da letra, mas que expressam outras realidades. Na cultura judaica da época de Jesus acontecia a mesma coisa.

Quando alguém dizia que era preciso perdoar "setenta vezes sete", não estava dizendo que você precisa pegar um caderninho e, a cada ofensa cometida por certo indivíduo, riscar um. Depois, dois. Depois, três. E assim por diante, até chegar a 490 vezes. Na 491ª... ufa, finalmente posso não perdoar mais. Não, não é isso.

Naquela sociedade, "setenta vezes sete" poderia ser considerado sinônimo de *infinito*. "Se o seu irmão pecar, repreenda-o e, se ele se arrepender, perdoe-lhe. Se pecar contra você sete vezes no dia, e sete vezes voltar a você e disser: 'Estou arrependido', perdoe-lhe" (Lc 17.3-4). O que Jesus está dizendo é o seguinte: "Se o seu irmão se arrepender, não importa quantas vezes ele erre, estenda-lhe perdão". Essas palavras traduzem a vontade de Jesus e o padrão de comportamento que ele espera de nós.

O princípio é simples: se Deus perdoa as suas transgressões, o que lhe dá o direito de não perdoar a transgressão do seu próximo? Tanto assim que o Senhor associa diretamente o perdão que estendemos ao outro ao perdão que ele nos estenderá. Isso fica claro em passagens como a oração do pai-nosso: "Perdoa as nossas dívidas, assim como perdoamos aos nossos devedores" (Mt 6.12) — isto é, "Perdoa-nos somente na proporção que perdoarmos quem pecou contra nós".

O perdão não tem limite. Deus não tem um número limitado de perdões em sua mochila divina. Ela simplesmente não tem fundo: o perdão de Deus desconhece números, desconhece becos sem saída, desconhece qualquer impedimento ao arrependido. Pois o nosso Pai ama amar. E, portanto, ama perdoar.

Uma ótima notícia

Não julguem, e vocês não serão julgados. Não condenem, e não serão condenados. Perdoem, e serão perdoados.

Lucas 6.37

Imagine que a cidade onde você vive fica próxima a uma represa. O nível da água sobe de forma acelerada. A barragem ameaça ruir e deixar milhões de litros de água destruir sua casa e a de seus vizinhos e tirar a vida de milhares de pessoas. Você, porém, está na sala de controle, segurando a alavanca que abre as comportas e permite que a água saia de forma controlada, sem prejudicar ninguém. Você tem a capacidade de salvar a cidade. Não é uma razão fantástica para ter alegria? O poder de evitar a tragédia está em suas mãos!

Acabamos de ver que o perdão de Deus é ilimitado. Mas há um porém nessa equação. Existe um fator que pode impedir que você seja perdoado e é algo que só depende de você: quem não perdoa não recebe perdão.

Essa verdade é afirmada diversas vezes na Bíblia:

E quando estiverem orando, se tiverem alguma coisa contra alguém, perdoem-no, para que também o Pai celestial lhes perdoe os seus pecados. Mas se vocês não perdoarem, também o seu Pai que está nos céus não perdoará os seus pecados.

Marcos 11.25-26

Portanto, você, que julga os outros, é indesculpável; pois está condenando a si mesmo naquilo em que julga, visto que você, que julga, pratica as mesmas coisas. [...] Contudo, por causa da sua teimosia e do seu coração obstinado, você está acumulando ira contra si mesmo.

Romanos 2.1,5

Um olhar apressado pode fazer parecer que isso é algo ruim, mas na verdade é uma ótima notícia! Percebe que só depende de você receber o perdão? Você pode fazer acontecer! A única pessoa capaz de represar o perdão de Deus e permitir que a tragédia ocorra é você mesmo. A alavanca está em suas mãos! Então, se mantiver como atitude constante em sua vida estender perdão aos que o ofenderam ou lhe fizeram mal, a tranquilidade de que tudo o que fizer será perdoado repousa pacífica em seu colo. Deus lhe deu esse poder. Ele diz: "Só depende de você". Perdoe e será perdoado. Não perdoe e não será perdoado.

Aceita um conselho? Puxe a alavanca do perdão e abra as comportas do seu coração.

A primeira pedra

Todos pecaram e estão destituídos da glória de Deus.

ROMANOS 3.23

Sabe aquela vez em que o zíper de sua calça estava aberto e você só se deu conta depois de já ter ficado horas andando assim? Ou quando passou a tarde inteira, depois de almoçar, com uma enorme casca de feijão nos dentes e só descobriu quando chegou em casa? Que embaraçoso. Todos detestamos quando isso ocorre. E pensar que uma simples atitude poderia ter evitado aquilo: examinar-se a si mesmo.

Quando você não olha atentamente para si, a possibilidade de passar por maus pedaços é bem grande. A justiça contida no padrão divino de perdão reside no fato de que não existe razão para uma pessoa pecadora condenar outra pessoa pecadora. Se existe uma casca de feijão do tamanho de um campo de futebol em seu dente, o que lhe dá o direito de ficar falando da alface no dente de seu colega de trabalho? Melhor seria ter espiado antes no espelho como está o seu sorriso.

Não importa se o pecado do outro foi inveja, vaidade, adultério, maledicência, assassinato, cobiçar o bem do próximo ou colar na prova da escola. A verdade é que ninguém tem superioridade para condenar quem quer que seja. Na carta aos romanos, o apóstolo Paulo afirma que não há nenhum justo, nem um sequer: "Todos se desviaram, tornaram-se juntamente inúteis; não há ninguém que faça o bem, não há nem um sequer" (Rm 3.12).

Temos de reconhecer essa verdade: carregamos feijões nos dentes 24 horas por dia, sete dias por semana. O melhor dos homens é um pecador e carece do perdão de Deus. Jesus deixou isso claro quando levaram até ele certa mulher que havia sido flagrada em adultério. Pela lei, a pena para essa atitude era clara: apedrejamento até a morte. A mulher tremia, caída no chão, apenas aguardando a primeira pancada. Em vez disso, o que bate com impacto avassalador em seu coração é uma frase simples: "Se algum de vocês estiver sem pecado, seja o primeiro a atirar pedra nela" (Jo 8.7).

Não demorou muito para que só Jesus e a mulher permanecessem naquele lugar. A sós. A pecadora e o perdoador. O erro e o conserto. A humanidade e a divindade. Jesus se põe de pé e pergunta a ela se ninguém a havia condenado. Era uma pergunta retórica, pois ele já sabia a resposta, mas o Mestre queria que a mulher reafirmasse aquilo para ter a certeza bem gravada no coração. "Ninguém, Senhor", é a resposta. Então o Cordeiro de Deus, que veio tirar os pecados do mundo, dá o veredito: "Eu também não a condeno. Agora vá e abandone sua vida de pecado" (Jo 8.11).

E é isso que ele diz todos os dias a respeito de cada um de nós e a cada um de nós a respeito do nosso próximo.

O nosso papel

Portanto, como povo escolhido de Deus, santo e amado, re-vistam-se de profunda compaixão, bondade, humildade, man-sidão e paciência. Suportem-se uns aos outros e perdoem as queixas que tiverem uns contra os outros. Perdoem como o Senhor lhes perdoou. Acima de tudo, porém, revistam-se do amor, que é o elo perfeito.

COLOSSENSES 3.12-14

Estamos tão acostumados a ver videocassetadas na televisão que passamos a considerar aquilo normal. Uma senhora se ar-rebenta de cara no chão e todos caem na gargalhada. O me-nino despenca do alto de uma árvore e a plateia acha muito engraçado. O rapaz cai da motocicleta e desliza por dezenas de metros no chão e é a coisa mais hilariante do mundo. Tragédias se tornaram piadas. A dor do próximo virou uma anedota. Se deixarmos nos contaminar com isso, também faremos parte do coro que ri da desgraça alheia. Mas não é esse nosso papel.

E qual é? Nosso papel nunca deve ser o de condenar, mas sim o de fazer o que estiver ao alcance para restaurar quem pecou. "Irmãos, se alguém for surpreendido em algum peca-do, vocês, que são espirituais, deverão restaurá-lo com man-sidão. [...] Levem os fardos pesados uns dos outros e, assim, cumpram a lei de Cristo" (Gl 6.1-2).

A tentação de olhar para o pecador e querer que ele fique longe é grande. E se for contagioso? No mínimo, desejamos que ele passe um ano ajoelhado no milho. Isso é o que *nós* desejamos. Mas não é o que Deus deseja. O que ele quer é restauração, aperfeiçoamento, reedificação. Jamais destruição.

A boa, perfeita e agradável vontade divina é que "ninguém retribua o mal com o mal, mas sejam sempre bondosos uns para com os outros e para com todos" (1Ts 5.15). O que devemos fazer é seguir o exemplo do Senhor e manifestar o mesmo comportamento e sentimento dele. Já vimos que Deus é profundamente compassivo e bom, que o Espírito Santo manifesta seu fruto nos escolhidos por ser a expressão do seu ser e, sobretudo, vimos que o Altíssimo perdoa — tudo isso como prova de seu amor.

Deus não ri quando nos arrebentamos de cara no chão. Deus não ri quando despencamos do alto de uma árvore. Deus não ri quando caímos da motocicleta. O que temos de fazer é nada mais que seguir o exemplo de Deus no relacionamento com o próximo. Basta entender como o Senhor lida conosco e teremos a resposta a qualquer dúvida sobre como devemos tratar as outras pessoas.

"Você soube da última?"

Irmãos, não falem mal uns dos outros. Quem fala contra o seu irmão ou julga o seu irmão, fala contra a Lei e a julga. Quando você julga a Lei, não a está cumprindo, mas está se colocando como juiz. Há apenas um Legislador e Juiz, aquele que pode salvar e destruir. Mas quem é você para julgar o seu próximo?

TIAGO 4.11-12

Lembro-me de quando comecei a frequentar a igreja. Causava-me muita estranheza quanto se falava sobre fofoca. Não conseguia entender por que algo que eu considerava tão pouco importante ganhava tanto espaço nas críticas das pessoas. Até que percebi como o ser humano gosta de tricotar sobre a vida alheia. E muitas vezes não para edificar, mas para maldizer ou alardear comportamentos considerados pecaminosos. É o famoso "Você soube da última?".

Depois de algum tempo, percebi que indivíduos que haviam cometido pecados reais ou que se especulava que tivessem cometido eram o alvo predileto dos comentários. Foi quando compreendi por que Tiago fala tanto sobre o uso da língua. "Todos tropeçamos de muitas maneiras. Se alguém não tropeça no falar, tal homem é perfeito, sendo também capaz de dominar todo o seu corpo" (Tg 3.2).

Se alguém pecou e se arrependeu, foi feito totalmente puro pelo perdão divino. E não nos é permitido de modo algum olhar como impuro alguém que o Senhor purificou. Como disse o apóstolo Pedro, "Deus me mostrou que eu não deveria chamar impuro ou imundo a homem nenhum" (At 10.28).

Não adianta dizer que perdoamos se nossa língua continua toda serelepe, falando mal dos pecadores a cada oportunidade. Fiquemos quietos. Deixemos Deus agir.

Devemos estar atentos para não usar a língua com o intuito de maldizer, falar contra ou julgar os irmãos, pois quando o fazemos é contra Deus que estamos falando. Ele não é o juiz? Então deixemos a ele a sentença. E como diz um princípio básico da legislação criminal: "Todos são inocentes até que se prove o contrário". Enquanto não chegar o dia do juízo, devemos tratar todos como inocentes.

E se alguém chegar ao pé do seu ouvido e perguntar: "Você soube da última?", a resposta que o Senhor espera de você é: "Sim, eu soube. Jesus morreu por nossos pecados, estendeu perdão a todos e não cabe a nós julgar ninguém". Faça isso. Seu exemplo pode transformar um fofoqueiro num homem de Deus.

A diferença entre falar e fazer

Um novo mandamento lhes dou: Amem-se uns aos outros. Como eu os amei, vocês devem amar-se uns aos outros. Com isso todos saberão que vocês são meus discípulos, se vocês se amarem uns aos outros.

João 13.34-35

O primeiro pecado a gente nunca esquece. Minha filha, Laura, tinha por volta de 1 ano e meio quando contou a primeira mentira de sua vida. Ela detestava trocar fraldas. Essa atividade sempre exigia uma boa dose de paciência, pois ela chorava, esperneava e se contorcia no trocador. Certo dia, estávamos na sala de casa e senti aquele cheirinho característico. Cheguei até ela e perguntei: "Filhinha, você fez popô?". Ela me olhou de canto de olho e balançou a cabeça negativamente. Não senti firmeza. Repeti: "Tem certeza, filha? Não fez popô, não?". Dessa vez a mentira veio como uma declaração: "Não, papai". Desconfiado, puxei sua fralda e dentro havia uma bela obra de arte.

Dizermos algo não quer dizer que seja fato. Falamos *norte* mas agimos *sul*. As outras pessoas sabem que somos discípulos de Cristo não porque dizemos que somos, mas porque demonstramos amor pelo próximo. Essa, parafraseando Jesus, é a etiqueta que carregamos em nossa alma e onde se lê "100% servo de Deus".

Se alguém peca e se arrepende, não adianta dizer que ele foi perdoado se continuamos a maldizer, condenar, falar mal, julgar, segregar, desonrar ou discriminar essa pessoa. O que comprova o perdão é se o amamos, em palavra e atitude, ou não.

Pode soar repetitivo, mas não há como escapar da realidade de que o amor precisa urgentemente ser a base de nossos relacionamentos. E é um amor de fato, não de palavra. De nada serve dizer que amamos se Deus sente o mau cheiro de nossa falta de perdão. E o que responderemos quando ele nos perguntar: "Filhinho, você perdoou?". Sejamos honestos e respondamos: "Não, papai", deixando que ele nos limpe desse pecado. Ou então nos esforcemos para perdoar de verdade e não só de boca.

É essencial amar os pecadores arrependidos como Deus os ama, sem tratá-los de modo diferente dos demais, sem permitir que sintamos qualquer coisa negativa contra eles e sem disseminar rancores pelos pecados que cometeram.

Você ama Deus? É discípulo de Cristo? Tenho certeza que respondeu "sim". Agora outra pergunta: Você ama — não só de boca, mas em atitude — os outros como Jesus amou a humanidade? É essa resposta que fará toda a diferença.

Nossa fraqueza abre espaço para a força de Deus

Sabemos que já passamos da morte para a vida porque amamos nossos irmãos. Quem não ama permanece na morte. Quem odeia seu irmão é assassino, e vocês sabem que nenhum assassino tem a vida eterna em si mesmo. Nisto conhecemos o que é o amor: Jesus Cristo deu a sua vida por nós, e devemos dar a nossa vida por nossos irmãos.

1João 3.14-16

Sei que é difícil perdoar quem nos causou feridas profundas. Em momento algum fingiremos que isso é fácil. Em momento algum nos esqueceremos da humanidade do ser humano e de sua sensibilidade à dor na alma. E Deus também não se esquece disso. Mas, por outro lado, é impossível ignorar tudo o que sabemos sobre o que o Senhor pensa de quem não perdoa. Então como se posicionar diante da oposição entre o que *precisa* ser feito e o que se *consegue* fazer? A resposta está em Deus.

Paulo nos ensina que quando somos fracos é que somos fortes. Mas por quê? Porque quando nos vemos incapazes de algo por nossas próprias forças, desistimos de agir segundo nossos caminhos e entregamos a situação, em dependência, à força do Senhor. Soltamos o leme do barco e deixamos o vento do Espírito determinar a direção.

Na prática, isso significa, primeiro, que quem não consegue perdoar precisa meditar profundamente no que a Bíblia diz a esse respeito. Deixe as verdades sagradas invadirem seu coração e se instalarem lá dentro. Assim que estiver encharcado da Palavra de Deus, é hora de entregar-se a ele em oração. É na oração que colocamos para fora tudo o que dói e desabafamos com o Senhor. O peso sai do peito. E a força vem, fazendo brotar o perdão.

Não perdoar faz de nós assassinos. Reter perdão denuncia que existe ódio no coração. O apóstolo João diz que quem afirma estar na luz mas odeia seu irmão continua nas trevas, não sabe para onde vai, porque as trevas o cegaram. Então ele derrama o bálsamo sobre seus leitores: "Filhinhos, eu lhes escrevo porque os seus pecados foram perdoados, graças ao nome de Jesus" (1Jo 2.12).

A questão se resume ao seguinte: "Se alguém afirmar: 'Eu amo a Deus', mas odiar seu irmão, é mentiroso, pois quem não ama seu irmão, a quem vê, não pode amar a Deus, a quem não vê" (1Jo 4.20). Assim, se o amor é o alicerce do evangelho de Cristo e o caminho da reconciliação, temos de amar sinceramente uns aos outros, "porque o amor perdoa muitíssimos pecados" (1Pe 4.8).

Precisamos viver esse amor perdoador, buscar Deus em oração e assumir nossa fraqueza, permitindo que ele manifeste sua força em nós. Esse é o caminho da paz e do perdão.

Ame o pecador

Amem os seus inimigos, façam o bem aos que os odeiam, abençoem os que os amaldiçoam, orem por aqueles que os maltratam. Se alguém lhe bater numa face, ofereça-lhe também a outra. Se alguém lhe tirar a capa, não o impeça de tirar-lhe a túnica. Dê a todo aquele que lhe pedir, e se alguém tirar o que pertence a você, não lhe exija que o devolva. [...] Não condenem, e não serão condenados. Perdoem, e serão perdoados.

Lucas 6.27-30,37

Escrevi um texto sobre perdão em meu *blog* e uma senhora postou um comentário. Disse que o marido a havia traído e ela não conseguia perdoá-lo. Estava pensando em abandonar a fé por causa disso. Fiquei triste e comovido com sua história. Expliquei-lhe que o melhor caminho para superar essa dificuldade era agir em favor do pecador praticando gestos de amor.

Se você não consegue perdoar, procure estender a mão a quem o machucou. Nada prova mais que um pecador foi perdoado do que a atitude de amor estendida a ele por aquele a quem feriu. Veja as necessidades de quem o magoou e faça-lhe o bem. Diga-lhe palavras afetuosas. Se possível, abrace-o. Chore com ele. Viva o evangelho em plenitude com essa pessoa. Quando você sabe que alguém cometeu um pecado que o escandaliza mas se arrependeu, essa é a hora em que você mais precisa apoiar essa pessoa. Ore por ela. Telefone. Visite. Ame. Mais que nunca, seja solidário na recuperação daquela vida.

Muitas vezes, o indivíduo que pecou e se arrependeu não suporta os olhares condenatórios e acaba por abandonar a congregação. E, atenção, pois isto é fundamental: não vá ao encontro dessa preciosa alma somente para tentar convencê-la a voltar à igreja. O objetivo é dar amor, trazer perdão à tona, viver o evangelho junto com ela. Demonstrar bondade. Amabilidade. Carinho. Afeto. Cristo. Se ela achar que você a procurou apenas para que volte a frequentar cultos, tudo estará perdido. A finalidade é que ela se sinta acolhida e perdoada. É dar-lhe o senso de humanidade e de comunhão que a discriminação que sofreu roubou dela.

Tenho certeza de que, se ela voltar a enxergar a família de fé como uma família de fato, tornar a frequentar o ambiente eclesiástico será uma consequência natural. Todavia, será uma consequência, não a causa. Triste igreja é aquela que tenta formar frequentadores de cultos, em vez de irmãos amados e perdoados do Corpo de Cristo.

Você não faz ideia do bálsamo que é quando alguém que está se sentindo o último dos seres humanos recebe uma demonstração de amor e solidariedade. Só quem comete um erro e cai em si sabe a dor que é. Sabe o sofrimento e as lágrimas derramadas quando o Espírito Santo o convence do pecado. Sabe a vergonha sentida na hora em que se ajoelha para orar. Sabe a tristeza por continuar a ser acusado por aqueles que não creem em seu arrependimento e investem contra sua vida. Sabe da angústia que é ser acusado até do que não fez, muito além do que seu pecado de fato provocou. E essa pessoa precisa desesperadamente de amor.

Mas quem quer amar um pecador? Bem... Jesus de Nazaré quer.

Resumo

Perdoar é uma necessidade essencial na vida espiritual do cristão. Não estender perdão é agir de modo totalmente contrário ao evangelho de Jesus. Nesse sentido, a leitura das Escrituras é o melhor remédio, pois é pela revelação específica de Deus que aprendemos a perdoar setenta vezes sete, ou seja, quantas vezes forem necessárias.

Além disso, Jesus mesmo disse que aquele que não perdoa não recebe perdão. Se o próprio Deus perdoa, quem é o homem para não perdoar? Nosso papel nunca deve ser o de condenar, mas sim o de fazer o que estiver ao alcance para restaurar quem pecou. Se você ama a Deus e é discípulo de Cristo, deve amar em forma de atitude, como Jesus amou a humanidade.

É essencial amar os pecadores arrependidos como Deus os ama, sem discriminá-los. É fundamental que vivamos esse amor perdoador, buscando o Senhor em oração e assumindo para ele a nossa fraqueza. Só assim seremos fortalecidos a ponto de conseguir estender a mão a quem nos machucou. Quando você souber de alguém que cometeu um pecado escandaloso mas que se mostra arrependido, solidarize-se com ele e lhe dê todo o amor que puder.

Que você perdoe o pecador arrependido: essa é a exigência de Deus.

6

A vontade de Deus

O caminho mais certo para vencer
é tentar mais uma vez.

THOMAS EDISON

Sua viagem será muito longa

Elias teve medo e fugiu para salvar a vida. Em Berseba de Judá ele deixou o seu servo e entrou no deserto, caminhando um dia. Chegou a um pé de giesta, sentou-se debaixo dele e orou, pedindo a morte: "Já tive o bastante, Senhor. Tira a minha vida; não sou melhor do que os meus antepassados". Depois se deitou debaixo da árvore e dormiu. De repente um anjo tocou nele e disse: "Levante-se e coma". Elias olhou ao redor e ali, junto à sua cabeça, havia um pão assado sobre brasas quentes e um jarro de água. Ele comeu, bebeu e deitou-se de novo. O anjo do Senhor voltou, tocou nele e disse: "Levante-se e coma, pois a sua viagem será muito longa".

1Reis 19.3-7

Cicatrizes não matam ninguém. Quando um soldado está ferido, ele é removido do campo de batalha. É tratado, restaurado e posto novamente em pé. Quando suas feridas se fecham e viram cicatrizes, ele não permanece no hospital nem fica no porão do quartel: é hora de voltar para o combate. Foi o que aconteceu com Elias.

A dinâmica é semelhante na vida do cristão que pecou, se arrependeu, confessou seu pecado e foi perdoado pelo Senhor. Deus não quer que ninguém se torne inútil para o reino e muito menos que se sinta inútil. Quando o processo de arrependimento ocorre, quem pecou e se arrependeu costuma passar por um período de luto. É hora de chorar, lamentar, buscar a face de Deus, sofrer pelo mal cometido. Mas o luto tem prazo de validade.

Assim que o perdão é recebido, o arrependimento deve conduzir o pecador de volta ao ponto em que caiu. E dali não há razão para não prosseguir no caminho que já se vinha trilhando antes da queda. Pelo contrário, a experiência e o aprendizado podem se tornar valiosos para auxiliar outras pessoas no futuro.

A história do apóstolo Paulo é emblemática. O início de sua jornada não lhe dava motivos para se orgulhar. Ele perseguia e prendia cristãos e os mandava para a morte. Certo dia, enquanto seguia rumo a Damasco para mais uma rodada de prisões, Jesus lhe aparece e revela sua graça e verdade. É quando o zeloso fariseu cai em si e percebe que tudo o que fazia estava errado, que havia pecado contra Deus e contra seu povo. Paulo sente profunda tristeza pela consciência de seus atos. Por três dias, fica sem comer nem beber. Mas chega um momento em que ele é restaurado, fica de pé e começa, a partir dali, uma vida dedicada a Cristo.

Não devemos nos sentir indignos ou incapazes para sermos instrumentos de Deus após a queda e a restauração. Nada devemos temer, pois se Jesus nos chamou, ele garantirá a segurança da caminhada. "Certa noite o Senhor falou a Paulo em visão: 'Não tenha medo, continue falando e não fique calado, pois estou com você, e ninguém vai lhe fazer mal ou feri-lo, porque tenho muita gente nesta cidade'" (At 18.9-10). Se você precisa de perdão, saiba que após recebê-lo o Senhor lhe diz: "Levante-se e coma, pois a sua viagem será muito longa". Há muito pela frente. O bom combate não acabou.

Aprender para ensinar

Purifica-me com hissopo, e ficarei puro; lava-me, e mais branco do que a neve serei. Faze-me ouvir de novo júbilo e alegria, e os ossos que esmagaste exultarão. Esconde o rosto dos meus pecados e apaga todas as minhas iniquidades. Cria em mim um coração puro, ó Deus, e renova dentro de mim um espírito estável. Não me expulses da tua presença, nem tires de mim o teu Santo Espírito. Devolve-me a alegria da tua salvação e sustenta-me com um espírito pronto a obedecer. Então ensinarei os teus caminhos aos transgressores, para que os pecadores se voltem para ti.

Salmos 51.7-13

Quando frequentei meu primeiro seminário teológico, aprendi bastante. Muitos mestres me deram lições importantes, que me fizeram crescer no conhecimento das coisas de Deus. Tempos depois de haver terminado o curso, fui convidado a lecionar na mesma instituição. Quando me dei conta, estava dando lições para aprendizes que agora se sentavam onde anos antes *eu* recebia lições. É assim com todos: para ensinar lições é preciso que antes se aprenda lições.

O rei Davi é o autor do salmo 51. Ele o escreveu imerso em tristeza, após adulterar com Bate-Seba e provocar a morte do marido dela, o soldado Urias. Suas palavras revelam uma alma que se considera indigna, mas sabe que pode ser perdoada e restaurada.

É fácil perceber o estado de espírito do rei de Israel: arrasado, desolado, abatido, para baixo, sem a alegria da salvação.

Mas também esperançoso. Davi conhecia o Senhor e sabia a extensão de sua misericórdia.

A questão era o que fazer a partir desse ponto. O salmo mostra que Davi enxergava a estrada à frente: "Então ensinarei os teus caminhos aos transgressores, para que os pecadores se voltem para ti" (v. 13). Ele aprendeu a lição. E agora era hora de fazer algo com ela. O rei pecador decide se tornar nosso "professor". Ele agora era capaz de dizer aos outros: "Não faça isso; eu fiz e veja o que aconteceu. Não vale a pena. Mas se você pecou, faça como eu, arrependa-se e torne-se você também alguém que ensina boas lições aos outros". Ainda hoje, três mil anos depois de o homem segundo o coração de Deus ter pecado de modo tão horripilante, tiramos de sua experiência lições que ajudam multidões em seus dramas pessoais.

Ainda há muito a ser feito

Depois Davi consolou sua mulher Bate-Seba e deitou-se com ela, e ela teve um menino, a quem Davi deu o nome de Salomão. O Senhor o amou e enviou o profeta Natã com uma mensagem a Davi. E Natã deu ao menino o nome de Jedidias.

2Samuel 12.24-25

O rei Davi não apenas usou seu erro para ensinar outros. Fez muito mais que isso. Se lermos na Bíblia o relato do que aconteceu depois do pecado e da restauração, perceberemos que Deus continuou a usá-lo tanto quanto antes para cumprir seus propósitos e abençoar seu povo.

Ao ser confrontado com seu pecado e se arrepender, Davi primeiro humilhou-se diante do Senhor. Depois, decidiu que não ia passar o resto da vida se lamuriando: "Então Davi levantou-se do chão, lavou-se, perfumou-se e trocou de roupa. Depois entrou no santuário do Senhor e adorou. E, voltando ao palácio, pediu que lhe preparassem uma refeição e comeu" (2Sm 12.20).

Observe que, logo após sua restauração, Davi entra em guerra contra o povo amonita. Convoca todo o exército, ataca a cidade de Rabá e a conquista. Em seguida, tira do rei derrotado uma coroa de ouro de 35 quilos, ornamentada com pedras preciosas, a põe sobre a cabeça e leva uma grande quantidade de bens da cidade. Além disso, aprisiona seus habitantes, a quem designa para trabalhos manuais. Por fim, faz a mesma coisa com todas as cidades amonitas.

O que isso quer dizer? Que Davi seguiu fazendo o que fazia antes e sendo igualmente abençoado por Deus. Ele simplesmente se recusou a se deixar aleijar pelo pecado.

Assim como Davi, se você pecou e se arrependeu, é hora de recompor-se, lavar-se, alimentar-se e retomar o serviço e a adoração a Deus. Nada de entregar os pontos, anular-se e abandonar a ideia de ser uma pessoa atuante e produtiva. Assim como Davi, imediatamente depois do perdão você pode triunfar e conquistar muitas riquezas para o reino de Deus.

E se você pensa que os feitos de Davi após sua restauração foram apenas bélicos, é melhor repensar. Entre outras coisas, ele escreveu lindas poesias em forma de salmos. Um de seus maiores feitos foi gerar — justamente com a mulher com quem havia adulterado — um filho que abençoaria milhares em sua época e nos milênios a seguir: Salomão, a quem Deus mandou o profeta Natã dar o nome de Jedidias.

Sabe o que significa esse nome? "Amado pelo SENHOR".

A estrada da sua vida não está interditada

É ele que perdoa todos os seus pecados e cura todas as suas doenças, que resgata a sua vida da sepultura e o coroa de bondade e compaixão, que enche de bens a sua existência, de modo que a sua juventude se renova como a águia. [...] O Senhor é compassivo e misericordioso, mui paciente e cheio de amor. Não acusa sem cessar nem fica ressentido para sempre; não nos trata conforme os nossos pecados nem nos retribui conforme as nossas iniquidades. Pois como os céus se elevam acima da terra, assim é grande o seu amor para com os que o temem; e como o Oriente está longe do Ocidente, assim ele afasta para longe de nós as nossas transgressões. Como um pai tem compaixão de seus filhos, assim o Senhor tem compaixão dos que o temem; pois ele sabe do que somos formados; lembra-se de que somos pó.

Salmos 103.3-5; 8-14

Esse trecho do salmo 103 deixa claro que o pecado de alguém, seguido de arrependimento, perdão e restauração, pode proporcionar outra importante lição para o pecador. Torna-se patente por essas palavras, escritas pelo rei Davi, que o processo emocional e espiritual deflagrado pelo pecado e pelo perdão de Deus fez o salmista desenvolver uma percepção aguçada do caráter perdoador e gracioso do Senhor.

Davi tinha experimentado a bondade de Deus. Ele foi alvo da compaixão divina. Foi alcançado pela graça do Pai. Foi perdoado pelo coração daquele que carrega em seu âmago o desejo de perdoar. Tudo isso o fez ver que sua caminhada com Deus não havia terminado devido a seu pecado. Mais ainda, ele agora conhecia intimamente aquele a quem servia. Conhecia a Deus como nunca antes. A profundidade do vale do pecado em que se meteu tornou-se proporcional à altura da montanha do perdão do Senhor.

Davi descobriu o que todos nós precisamos descobrir: que mesmo um homicida e adúltero arrependido pode continuar a receber grandemente o favor do Senhor e a crescer em intimidade com ele. Tanto que, apesar de seus erros, o rei conseguiu cumprir o plano divino para sua vida. Paulo relatou: "Tendo, pois, Davi servido ao propósito de Deus em sua geração, adormeceu" (At 13.36).

O plano de Deus para você não deixará de se cumprir porque você pecou. Se houve arrependimento sincero e confissão verdadeira, tenha a certeza de que o Pai não mudará nem um milímetro do trajeto da estrada que ele preparou para sua vida e da qual por um tempo você se afastou. Ela não está interditada. Siga em frente.

Perdoado para pregar contra
o pecado

Então Pedro se lembrou da palavra que o Senhor lhe tinha dito: "Antes que o galo cante hoje, você me negará três vezes". Saindo dali, chorou amargamente.

Lucas 22.61-62

Nos dias de Jesus, durante o Império Romano, a traição era um dos crimes punidos com morte na cruz, a forma de execução mais degradante da época. Imagine então o que Pedro sentiu após se dar conta de que tinha traído o Mestre ao negá-lo três vezes. Ali estava o Messias, prestes a ser crucificado, enquanto Pedro, que cometera o mal que se punia com a cruz, escapava impune. E isso após ter afirmado para Jesus que preferia morrer a negá-lo.

A história de vida de Pedro exemplifica bem como Deus usa pecadores restaurados. Em sua enorme lista de equívocos está a traição tripla a Jesus, o ataque à espada contra um soldado a ponto de lhe decepar a orelha, a contrariedade em deixar o Senhor lavar seus pés e a recusa em admitir que Jesus fosse morto, o que o levou a ouvir do Mestre as dolorosas palavras: "Para trás de mim, Satanás! Você é uma pedra de tropeço para mim, e não pensa nas coisas de Deus, mas nas dos homens" (Mt 16.23).

Vamos nos lembrar do pecado de Pedro que mais o abalou. Durante a paixão do Senhor, o apóstolo trai Jesus uma vez. Duas vezes. Três vezes. Depois, cai em si e arrepende-se amargamente. Quando se reencontra com aquele que havia traído, em vez de ouvir uma descompostura, de ser humilhado diante dos irmãos, de ser ignorado e rejeitado pelo Mestre, de ser expulso da comunidade e destituído de suas funções, o que ele ouve de Cristo é uma ordem surpreendente: "Cuide dos meus cordeiros" (Jo 21.15). O traidor perdoado deve ter pensado "Ahn?! Será que Jesus entendeu direito a extensão do meu pecado? Eu o traí! E agora, ele está mandando eu me tornar um pastor? Cuidar de vidas? Ensinar o evangelho? Pregar? Mais ainda: pregar contra o pecado?". Para não deixar dúvidas, o Mestre ordena em seguida: "Pastoreie as minhas ovelhas" (Jo 21.16). Era isso mesmo, Jesus o estava convocando para o ministério! E, para selar a ordenação pastoral de Pedro sem deixar margem para dúvidas, vem o chamado pela terceira vez: "Cuide das minhas ovelhas" (Jo 21.17).

O miserável pecador Pedro não foi descartado pelo Senhor. Ao contrário, foi convocado para ser pastor e usar sua experiência em prol do reino de Deus. Que lição. É importante lembrar que é esse mesmo Pedro que, depois de tudo isso, faz um discurso após o qual três mil almas se convertem. Sim, restaurado e perdoado, ele sabe que ninguém mais pode acusá-lo dos erros do passado. Agora, com suas transgressões apagadas, ele pode pregar contra as próprias transgressões que havia praticado. Tanto assim que nesse discurso ele pronuncia frases como "Arrependam-se, e cada um de vocês seja batizado em nome de Jesus Cristo para perdão dos seus pecados" (At 2.38).

O homem que deu as costas ao Senhor e que pecou diversas vezes contra Jesus se arrepende, se percebe perdoado e não se nega a dar prosseguimento a sua vida ministerial, conclamando transgressores da vontade divina ao arrependimento.

"Vá, pois, agora; eu o envio"

O clamor dos israelitas chegou a mim, e tenho visto como os egípcios os oprimem. Vá, pois, agora; eu o envio ao faraó para tirar do Egito o meu povo, os israelitas.

Êxodo 3.9-10

Imagine que você está assistindo ao telejornal e vê o relato de um terrível assassinato a sangue-frio. Pelo laudo pericial e as investigações da polícia, o crime foi premeditado, o que, segundo a lei, é um agravante num caso de homicídio. Após tirar a vida da vítima, o assassino enterrou o cadáver numa cova rasa em terreno arenoso para ocultar o crime. Depois, fugiu do local. O que você pensaria desse monstro sanguinário?

Pois esse criminoso tem nome: Moisés.

Ele é hoje lembrado como grande libertador, profeta sem igual, o homem que conversava face a face com Deus, o recebedor da lei, líder do povo, usado para abrir o mar Vermelho, herói da fé. Enfim, um ícone da história judaico-cristã. Mas o que poucos comentam é que esse mesmo Moisés foi um assassino frio e calculista. Leia o boletim de ocorrência de seu terrível crime:

Certo dia, sendo Moisés já adulto, foi ao lugar onde estavam os seus irmãos hebreus e descobriu como era pesado o trabalho que realizavam. Viu também um egípcio espancar um dos hebreus. Correu o olhar por todos os lados e, não vendo ninguém, matou o egípcio e o escondeu na areia.

Êxodo 2.11-12

O assassinato foi premeditado e articulado. O fato de que ele "Correu o olhar por todos os lados e, não vendo ninguém..." mostra que Moisés estudou a cena do crime, elaborou seu plano maquiavélico, tomou cuidado para não haver testemunhas (no que falhou) e matou sua vítima. E não só isso. Em vez de ir até as autoridades se entregar, o assassino tentou ocultar o ato que cometera escondendo o cadáver, desfazendo-se das provas. Se ouvíssemos a descrição desse crime no telejornal ficaríamos horrorizados com a frieza e a maldade do monstro que teve coragem de tirar a vida daquele pobre homem, possivelmente pai de família.

Moisés foge, vira pastor e passa quarenta anos exilado em consequência de seu crime brutal. "Merecido", pensamos. "Que esse assassino sofra bastante no exílio." Mas Deus não pensa assim. Após quarenta anos colhendo as consequências de seu ato, Moisés é chamado para sair da estagnação e ir em frente. "Vá, pois, agora; eu o envio", diz o perdoador ao perdoado.

Que essa seja a ordem para todos nós, pecadores. Deus nos envia. A vida continua. E há muito mais a ser feito.

Você não é descartável

Assim como cada um de nós tem um corpo com muitos membros e esses membros não exercem todos a mesma função, assim também em Cristo nós, que somos muitos, formamos um corpo, e cada membro está ligado a todos os outros.

Romanos 12.4-5

Isto já aconteceu comigo e certamente com você: depois de passar um tempo sentado em cima da perna, percebeu que ela estava dormente. Você tenta andar. Que dificuldade! Parece que ela não se mexe, você não a sente, não tem controle sobre ela. A perna não acompanha o restante do corpo. Depois de um tempo, a circulação sanguínea se reestabelece e é como se ela pesasse duas toneladas, a sensação é incômoda e você mal consegue se mexer. Mas, alguns segundos depois, tudo volta ao normal, a dormência e o peso somem e aquele membro, que por um curto período de tempo tinha mais atrapalhado que ajudado — e, de certo modo, se tornado inútil —, volta a ser parte funcional e integrante do todo. Minutos depois, você nem se lembra de que naquele período a perna sofreu esse processo.

Assim é também com o pecador. Por um tempo ficou neutralizado, tornou-se um membro problemático e incômodo do corpo, parou de funcionar. Mas, uma vez que o arrependimento se processa e o perdão vem, ele se torna totalmente funcional de novo. E ninguém deve engessar ou amputar essa pessoa: precisamos fazer de tudo para que continue a agir como antes.

Se em algum momento lhe vier à mente alguma dúvida sobre sua utilidade como instrumento capacitado com dons e talentos para prosseguir na caminhada, rejeite-a. Cada membro do corpo tem sua função. Nenhum é descartável. E deve prosseguir com sua vida, seja voltando ao ponto em que tinha caído e seguindo dali, seja iniciando uma nova trajetória de vida com Deus. O que não se pode permitir é que fiquem estáticos, apáticos e inertes. Não: é hora de seguir em frente. E que nos sirvam de exemplo, pois é exatamente isso o que Deus espera de seus filhos após o perdão e a restauração.

O que precisamos fazer? Eis a resposta: "Esquecendo-me das coisas que ficaram para trás e avançando para as que estão adiante, prossigo para o alvo, a fim de ganhar o prêmio do chamado celestial de Deus em Cristo Jesus" (Fp 3.13-14).

Essa é a ideia. Esse é o ideal divino para o redimido. Deixar as coisas que passaram e avançar adiante, rumo ao alvo final.

Prosseguir rumo ao alvo

Simão Pedro [...] prostrou-se aos pés de Jesus e disse: "Afasta-
-te de mim, Senhor, porque sou um homem pecador!" [...]
Jesus disse a Simão: "Não tenha medo; de agora em diante
você será pescador de homens".

LUCAS 5.8,10

É interessante notar que Deus não chamou anjos sem pecado
para proclamar o evangelho. Chamou seres humanos falhos
e transgressores. Ao longo de dois mil anos de Igreja, foram
homens e mulheres cheios de defeitos que, como vasos de
barro, levaram o tesouro das boas-novas a outros pecadores.
Quando Pedro reconhece sua pecaminosidade, Jesus não diz
o contrário, somente demonstra com suas palavras que tinha
noção disso, o que não o impediu de transformar aquele pecador num pecador que frutificaria para o reino de Deus. Pois
é isso o que o Senhor deseja que todos nós façamos.

Nesse sentido, é significativo o relato bíblico do homem
que desejava seguir Jesus mas primeiro queria despedir-se de
sua família. O Mestre responde: "Ninguém que põe a mão no
arado e olha para trás é apto para o Reino de Deus" (Lc 9.62).

Se houve pecados confessados e perdoados no meio do
caminho que retardaram a jornada, é possível considerá-los
apenas um incidente de percurso. Não olhe para trás. Siga em
frente. Essa é sempre a proposta do Filho de Deus.

O pastor Rubel Shelly mostra uma visão clara da questão:

Viver sob a autoridade das Escrituras significa viver no mundo
da narrativa bíblica. Adão sofreu uma penalidade horrenda por

desafiar a diretriz de Deus? Davi pagou um alto preço por sua infidelidade conjugal? Saulo de Tarso sentiu uma culpa horrível por seu papel no assassinato de um evangelista cristão? Sim. Portanto, todas essas histórias nos advertem contra a desobediência. Mesmo assim, Adão não somente foi punido, mas também foi vestido para cobrir sua nudez vergonhosa e foram-lhe dadas novas responsabilidades para honrar a Deus no mundo pós-Éden. Davi sofreu uma grande variedade de consequências por seu adultério com Bate-Seba, mas ela se tornou sua esposa e, juntos, os dois construíram uma vida que honrou o Senhor. Saulo foi perdoado por seu crime de ódio contra Estêvão, e, hoje, o conhecemos como Paulo, o evangelista e apóstolo aos gentios. Viver sob a autoridade das Escrituras significa dar às pessoas a opção, provida pela graça, de viver como pessoas perdoadas após desobediência.[5]

O importante é buscar o perdão de nossos pecados mediante o arrependimento e prosseguir rumo ao alvo. Nosso objetivo é, em tudo, glorificar ao Deus que deu seu Filho por nós, que perdoa e dá o arrependimento sem que o mereçamos. E que, por sua bondade e seu amor, nos concede a graça que faz uma terrível transgressão ser lançada por toda a eternidade no fundo do mar.

---

[5] *Divórcio e novo casamento*, p. 33.

Resumo

É comum o pecador arrependido sentir-se morto para o reino de Deus, inútil para o serviço e indigno como ser humano. Mas isso é uma grande inverdade. Tão logo recebe o perdão, ele deve retornar ao ponto em que caiu, usando a experiência e o aprendizado para auxiliar outras pessoas no futuro.

Não há por que um pecador sinceramente arrependido — e perdoado — sentir-se indigno para ser um instrumento de Deus após a restauração. Pelo contrário, deve usar sua experiência negativa para ensinar aos mais novos na fé e consolar os que passarem por onde ele passou.

Mas não só isso. Depois do pecado e da restauração, Deus pode continuar a usá-lo tanto ou mais que antes para cumprir seus propósitos e abençoar seu povo. O processo emocional e espiritual deflagrado pelo pecado e pelo perdão faz o pecador arrependido desenvolver uma percepção aguçada do caráter perdoador e gracioso de Deus. Com isso, o pecado indesejável pode se reverter num canal de aproximação do Senhor.

Por fim, não deve haver dúvidas sobre a utilidade de alguém como instrumento capacitado com dons e talentos a serviço do reino de Deus. Ninguém é descartável e todos devemos prosseguir com nossa vida. Continuar a combater o bom combate é sempre a proposta de Jesus.

Que você siga em frente: essa é a vontade de Deus.

Palavras finais

Todos pecamos e estamos destituídos da glória de Deus (Rm 3.23). Assim, o pecado é nosso companheiro inseparável. Indesejável, mas inseparável. Alguns têm a capacidade de conviver com ele sem muitas preocupações. Mas, para os verdadeiros servos do Senhor, pecar provoca um abatimento sem nome, uma dor indescritível. Saber que desobedeceu a seu amado Salvador deixa todo aquele que foi chamado pela graça abatido, triste, desolado.

Muitos são vencidos por essa força maior que uiva em nosso peito, chamada *pecado*, e se entregam a ela por certo tempo. Se for aquele tipo de pecado considerado mais grave, seu coração sangrará. O cristão sentirá profunda tristeza. Pensará ser o mais indigno e ingrato dos homens. E poderá carregar o peso desse pecado por toda a vida, se não tiver a compreensão claríssima de que Deus é bom, que Jesus veio à terra justamente para perdoar pecados, que o arrependimento é uma dádiva do Senhor motivada pelo desejo de perdoar, que o perdão está disponível para aqueles que foram tocados pelo Espírito Santo e que, após a queda, o arrependimento e o perdão, sua vida pode continuar tão produtiva e devotada à glória de Deus como antes do pecado.

A sensação de estar sujo, espiritualmente contaminado, paralisa a vida de muitos. Mas a contaminação chega ao fim quando há arrependimento sincero e confissão de pecados. O caminho para se "descontaminar" é o arrependimento seguido de confissão, com o firme propósito de não mais cometer aquele pecado. Um exemplo nítido são as palavras de Davi no salmo 51, escrito após seu adultério seguido de assassinato. Ele se derrama em arrependimento e confissão sinceros e demonstra saber que esse processo de purificação o deixa "mais branco do que a neve":

> Tem misericórdia de mim, ó Deus, por teu amor; por tua grande compaixão apaga as minhas transgressões. Lava-me de toda a minha culpa e purifica-me do meu pecado. Pois eu mesmo reconheço as minhas transgressões, e o meu pecado sempre me persegue. Contra ti, só contra ti, pequei e fiz o que tu reprovas, de modo que justa é a tua sentença e tens razão em condenar-me. Sei que sou pecador desde que nasci, sim, desde que me concebeu minha mãe. Sei que desejas a verdade no íntimo; e no coração me ensinas a sabedoria. Purifica-me com hissopo, e ficarei puro; lava-me, e mais branco do que a neve serei.
>
> Salmos 51.1-7

Por outro lado, há aqueles entre nós que, por não conhecer profundamente a Bíblia, por impiedade em seu coração ou por dificuldades psicológicas e emocionais, não perdoam quem Deus já perdoou. Segregam, discriminam, maldizem, prejudicam, levam o pecado muito além de onde ele deveria ter ido. Muitos até gostariam de perdoar, mas simplesmente são incapazes devido às marcas que carregam, adquiridas ao longo de uma vida sofrida. Ao agir assim, porém, impedem que o arrependido siga em frente com caminho livre. E por isso tornam-se aliados do Diabo em acusar quem Deus não acusa e sabotar o que o Senhor ainda quer fazer na vida do pecador arrependido e por meio dele.

O salmo 103 nos dá muitas informações essenciais sobre o nosso pecado e o perdão de Deus:

É ele que perdoa todos os seus pecados e cura todas as suas doenças, que resgata a sua vida da sepultura e o coroa de bondade e compaixão, que enche de bens a sua existência, de modo que a sua juventude se renova como a águia. [...] O SENHOR é compassivo e misericordioso, mui paciente e cheio de amor. Não acusa sem cessar nem fica ressentido para sempre; não nos trata conforme os nossos pecados nem nos retribui conforme as nossas iniquidades. Pois como os céus se elevam acima da terra, assim é grande o seu amor para com os que o temem; e como o Oriente está longe do Ocidente, assim ele afasta para longe de nós as nossas transgressões. Como um pai tem compaixão de seus filhos, assim o SENHOR tem compaixão dos que o temem; pois ele sabe do que somos formados; lembra-se de que somos pó.

Salmos 103.3-5; 8-14

Essa passagem nos mostra que:

1. Deus perdoa *todos* os pecados.
2. Deus nos coroa com bondade e compaixão. E compaixão o leva a agir conosco como *não* merecemos.
3. O perdão de Deus renova o pecador e enche de bens a sua existência.
4. Deus é paciente, ao contrário do homem.
5. Deus é cheio de amor. E a maior expressão de seu amor é a graça que salva (Jo 3.16).
6. Deus não é acusador. Isso é papel do Diabo (Ap 12.10).
7. Deus não nos trata conforme nossos pecados.
8. Deus não é vingativo; ele não retribui conforme nossos pecados, mas segundo sua graça.
9. Deus perdoa nossos pecados a tal ponto que os afasta de nós, metaforicamente, como o Oriente do Ocidente. Creia: é muita distância.

10. Deus conhece seus filhos e entende sua natureza. Embora odeie o pecado, compreende o poder que ele tem sobre nós. Por isso perdoa constantemente, vez após vez. Não se conforma com nossos pecados, mas nunca, jamais, se cansa de exercer sua misericórdia e graça.

Aqueles que não conseguem fixar essas verdades no coração e na mente acabam se decepcionando, se ferindo, se culpando. E a consequência pode chegar ao abandono da igreja e até da fé. Esse é um dos grandes erros que podemos cometer. Embora a maior parte das igrejas tenha de fato muitas pessoas que não sabem perdoar e irmãos que tratam pecadores como leprosos em vez de fazer o que Jesus ensinou — estar perto, ajudar na restauração, amar, doar-se pelo outro —, ainda assim é ali que podemos ouvir a boa Palavra, celebrar a Ceia, ser útil ao próximo. "Não deixemos de reunir-nos como igreja, segundo o costume de alguns, mas procuremos encorajar-nos uns aos outros, ainda mais quando vocês veem que se aproxima o Dia" (Hb 10.25). Nunca podemos permitir que o pecado nos afaste da família de fé.

Se você carrega nos ombros o peso de um pecado ou de um comportamento pecaminoso que viveu antes ou depois de sua conversão, só precisa responder a três perguntas: Está arrependido? Confessou seu pecado a Deus? Pediu perdão e se dispõe a não cometer a transgressão novamente? Então tenha uma certeza: seu pecado foi perdoado. Vou repetir: seu pecado foi perdoado. De novo: seu pecado foi perdoado. E posso seguir repetindo, setenta vezes sete. Nenhuma condenação há mais para você. Releia com atenção o versículo--chave sobre o assunto:

Quem esconde os seus pecados não prospera, mas quem os confessa e os abandona encontra misericórdia.

Provérbios 28.13

Isso foi feito? Então agora é hora de sacodir a poeira e prosseguir. Que este livro seja o estímulo e o combustível que estavam faltando para você seguir em frente. Adore. Pregue. Ensine. Exorte. Edifique. Console. Ajude. Socorra. Ame. Tudo para a glória daquele que está conosco todos os dias, até o fim do mundo. E, depois, por toda a eternidade, graças ao perdão que nos concedeu ao dar sua vida numa cruz ensanguentada dois mil anos atrás.

Paz a todos vocês que estão em Cristo.

Perguntas de aplicação pessoal

Agora que você terminou de ler este livro, convido-o a responder algumas perguntas para reflexão pessoal. O objetivo é que o conteúdo de tudo o que aqui foi exposto o ajude a viver o perdão como Deus deseja. Responda, pense e veja se algo precisa ser mudado em sua vida.

1. Você tem o hábito de classificar certos pecados como "mais graves" que outros? Em caso afirmativo, você se dá conta dos problemas que isso pode gerar? Tente fixar em sua mente os perigos de considerar certos tipos de morte espiritual "mais morte" que outros.

_____

_____

_____

2. Como você imagina Deus? Um juiz severo e sempre ávido por punir ou um Pai amoroso, gracioso, bondoso, misericordioso e perdoador? Que consequências a imagem que você tem do Senhor influencia sua percepção sobre *pecado* e *perdão*?

_____

_____

_____

3. Por que Jesus encarnou, morreu na cruz e ressuscitou?

_____

_____

_____

4. Se Cristo sente prazer em perdoar e tem autoridade para tanto, a ponto de ter feito disso sua missão, por que ele não perdoaria você ou alguma outra pessoa que se arrependeu verdadeiramente?

_____

_____

_____

5. Jesus morreu na cruz apenas para o perdão dos pecados de não cristãos no ato da conversão ou também para o perdão dos pecados cometidos por cristãos após a conversão?

_____

_____

_____

6. Jesus desiste de alguém?

_____

_____

_____

7. O tipo de pecado e a quantidade de vezes que o indivíduo pecou são relevantes ou irrelevantes na decisão divina de conceder perdão?

---

8. Qual a diferença entre remorso e arrependimento?

---

9. Qual o grande perigo de não se perdoar alguém?

---

10. Existe um limite no número de vezes que Deus perdoa uma pessoa?

---

11. Existe um limite no número de vezes que nós devemos perdoar uma pessoa?

_____

_____

_____

12. Se você pecou, se arrependeu, confessou o erro e o abandonou, o que o impede de voltar a ser ativo e atuante na obra de Deus como qualquer outra pessoa?

_____

_____

_____

13. Você acha errado alguém que cometeu pecados escandalosos reassumir suas atribuições eclesiásticas após a restauração? O que Deus pensa disso?

_____

_____

_____

14. Você cometeu pecados dos quais não se perdoa? Após ter lido este livro, o que pensa a respeito?

_____

_____

_____

15.Você não consegue perdoar alguém que disse coisas ou tomou atitudes que o deixaram profundamente magoado ou ferido? Após ter lido este livro, o que pensa a respeito?

_____

_____

_____

16. Se você precisa se perdoar ou perdoar alguém, o que está esperando?

_____

_____

_____

Sobre o autor

MAURÍCIO ZÁGARI é escritor, editor, jornalista e teólogo. Recebeu os Prêmios Areté de "Autor Revelação do Ano" e de "Melhor Livro de Ficção/Romance" pelo livro *O enigma da Bíblia de Gutemberg*. É autor também dos livros *A verdadeira vitória do cristão*, *7 enigmas e um tesouro* e *O mistério de Cruz das Almas*. Pela Editora Mundo Cristão, publicou as obras *O fim do sofrimento: um livro para quem busca consolo e esperança nos momentos mais sombrios*, *Confiança inabalável: um livro para quem quer vencer o medo e a ansiedade* e *Na jornada com Cristo: um livro para quem quer entender o sentido da vida e viver uma vida que faça sentido*. Escreve regularmente em seu blog *Apenas* (apenas1.wordpress.com).

Membro da Igreja Cristã Nova Vida em Copacabana, no Rio de Janeiro (RJ), é casado com Alessandra e pai de Laura.

Conheça outras obras de

Maurício Zágari

- Confiança inabalável
- Na jornada com Cristo
- O fim do sofrimento

Veja mais em:

Compartilhe suas impressões de leitura escrevendo para:
opiniao-do-leitor@mundocristao.com.br
Acesse nosso *site*: www.mundocristao.com.br

Equipe MC:	Daniel Faria
	Natália Custódio
Diagramação:	Assisnet Design Gráfico
Gráfica:	Imprensa da Fé
Fonte:	Bembo
Papel:	Lux Cream 70 g/m² (miolo)
	Cartão 250 g/m² (capa)